별똥별 아줌마가 들려주는
우주 이야기

별똥별 아줌마가 들려주는 우주 이야기

초판 1쇄 발행 2011년 7월 5일
초판 21쇄 발행 2024년 12월 5일

글·그림　이지유
펴낸이　염종선
책임편집　천지현
디자인　이재희
사진 제공　국립고궁박물관_19면 왼쪽
　　　　　한국천문연구원_19면 오른쪽, 24면, 26면, 77면, 90면, 99면, 108면, 246면
펴낸곳　(주)창비
등록　1986. 8. 5. 제85호
제조국　대한민국
주소　10881 경기도 파주시 회동길 184
전화　031-955-3333
팩스　031-955-3399(영업) 031-955-3400(편집)
홈페이지　www.changbikids.com
전자우편　dongmu@changbi.com

ⓒ 이지유 2011
ISBN 978-89-364-4617-8 73440

＊이 책 내용의 일부 또는 전부를 재사용하려면 반드시 저작권자와 창비 양측의 동의를 얻어야 합니다.
＊책값은 뒤표지에 표시되어 있습니다. ＊KC마크는 이 제품이 공통안전기준에 적합하였음을 의미합니다.
＊사용 연령: 5세 이상 ＊종이에 베이거나 긁히지 않도록 주의하세요.

과학과 친해지는 책 10

별똥별 아줌마가 들려주는
우주 이야기

이지유 글·그림

창비

머리말

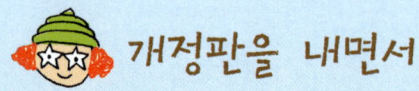 개정판을 내면서

　이 책이 나온 지 어느덧 10년이 지났습니다. 그사이 이 책에 등장하는 민지는 대학 3학년, 민우는 고등학교 3학년이 되었습니다. 나와 남편은 나이를 열 살 더 먹으며 주름과 흰머리가 늘었고 대통령은 세 번 바뀌었습니다. 명왕성은 행성이 아니라는 판정을 받아 소행성으로 신분이 바뀌었고, 태양계 행성의 수는 여덟 개로 줄었습니다. 이소연 씨가 우리나라 사람으로는 처음으로 국제우주정거장에서 11일을 보낸 뒤 고생 고생 하며 땅으로 내려왔고, 전라남도 고흥에 나로우주센터가 완공되어 우리나라도 발사체를 우주로 보낼 수 있게 되었습니다. 이렇게 바뀐 일이 많으니 개정판을 안 낼 수가 없습니다.

　10년 전의 원고를 다시 보았습니다. 다시 써넣어야 할 새로운 사실들이 몇 가지 있었습니다. 그래도 10년 전에 쓴 글 대부분을 그대로 실어도 나쁘지 않아 내심 기뻤습니다. 우주에 대한 사실만을 쓴 것이 아니라 사실을 뛰어넘는 깊숙한 곳을 건드린 글들은 대부분 살아남았습니다. 영광스럽게도 글 가운데 한 편은 초등학교 교과서에 실리기도 했습니다.

　이런 글을 쓰기 위해서는 사실과 우리의 삶을 잘 접목하는 과정이 필요했습니다. 10년 전에 글을 쓸 때 좌우명으로 삼았던 문구들을 떠올려 봅니다.

쉽지만 깊이가 있어야 하고
재미있지만 무게가 있어야 하며
과학을 말하지만 철학을 지녀야 한다.

좀 더 자세히 얘기해 본다면 전문용어를 되도록 쓰지 않고 쉬운 말로 풀어 쓰고, 독자에게 친절하며, 사실만을 말하는 데 그치지 않고 삶과 사실을 접목하고, 나만의 독특한 시각을 잃지 않으려고 계속 노력해야 합니다. 이 좌우명이 잘 지켜져야 마지막 목표가 이루어집니다.

완벽한 책을 만드는 일은 늘 숙제로 남겠지만 거듭 노력하는 일은 아주 중요하다고 생각합니다.

1부에서는 보현산천문대 건설 과정을 담은 사진을 새로 실었고, 보현산천문대에서 하룻밤 동안 본 태양계 행성들 이야기를 담았습니다.

2부 '우리가 갈 수 있는 우주'는 제목이 말해 주듯 지구인의 기술로 갈 수 있는 곳에 대한 이야기입니다. 거기가 어디냐고요? 바로 태양계입니다. 태양계에 얽힌 인간들의 이야기가 담긴 장이지요.

3부 '우리가 갈 수 없는 우주'는 태양계를 벗어난, 나머지 우주에 대한 이야기입니다. 태양이 아닌 다른 별, 은하 같은 것 말입니다. 저는 이 장을 가장 좋아합니다. 자기가 쓴 글에도 호불호(好不好)가 있다면 이상한가요? 그런데 그렇습니다. 지구인은 아무리 발버둥 쳐도 태양계를 벗어나기 힘듭니다. 물론 언젠가는 이 장의 제목을 바꾸어야 할 날도 오겠지요. 그날이 오길 고대해 봅니다.

4부 '알수록 흥미로운 천문학 요모조모'에는 천문학계에 떠도는 재미난 이야기들을 모았습니다.

그 뒤에는 이 책에 언급된 천문학 사건들을 시간순으로 배열한 천문학의 역사와 국내에 있는 천문대, 우주에 관한 책과 영화 들을 소개하는 부록을 실었습니다.

어눌하고 부족한 것이 많은 제 그림도 몇 개를 빼고는 그대로 실었습니다. 목적은 역시 그림을 못 그린다고 생각하는 아이들에게 꿈과 희망을 주기 위해서죠. '이 정도면 나도 할 수 있어'라고 생각할 수 있게 말입니다. 두어 장은 새로 그렸고 사진도 더 많이 실었습니다. 그림과 사진을 보기 좋게 실어 준 디자이너 이재희 씨에게 감사의 말을 전합니다.

　글들을 꼼꼼히 읽고 사진을 찾고 부족한 곳을 채우려고 애를 쓴 편집자 천지현 씨와 문경미 씨에게도 감사의 말을 전합니다. 원래 한 번 완성되었던 책 꼴을 다시 잡는 것은 새 책을 만드는 것보다 더 어려운 법이지요. 잘해야 본전인 어려운 일입니다.

　개정판 작업 내내 옆에서 도와준 가족들에게도 감사합니다.

　개정판을 낼 때 이래라저래라 잔소리를 해 준 독자들에게 감사의 말을 전합니다.

　우리 모두 이 우주에서 행복하게 살아요.

2011년 7월
이지유

차례

머리말 • 개정판을 내면서 4

1부 천문대에서 듣는 태양계 이야기

천문대 가는 날 14

내 아름다움에 속으면 안 돼! • 금성 이야기 29

토성은 수영을 좋아해 • 토성 이야기 34

내가 조금만 컸더라면 • 목성 이야기 40

수성에 가면 나이가 네 배? • 수성 이야기 45

달과 지구는 원래 한 몸? • 달 이야기 49

화성 생물 잡는 법 • 화성 이야기 55

일곱 번째 행성에 이름 붙이기 • 천왕성 이야기 60

해왕성, 너마저? • 해왕성 이야기 65

넌 이제 행성이 아니야 • 명왕성 이야기 69

집으로 돌아오는 길 75

2부 우리가 갈 수 있는 우주

가리면 볼 수 있다? • 일식 이야기　84

이 모든 일은 혜성 때문에 일어났다 • 혜성 이야기　91

소행성이 달려든다, 지구를 구하라 • 소행성 이야기　101

유성 보러 가는 데 침낭이 필요한 이유 • 유성 이야기　107

우주에도 일기예보가 있어요? • 태양풍 이야기　115

달은 우리를 지배한다 • 달과 지구의 생물 이야기　121

지구와 가장 닮은 형제 • 화성에 얽힌 이야기　129

지구는 너무 좁아 • 우주개발 사업　141

좀 더 깨끗한 우주를 보기 위하여 • 허블 우주망원경　149

3부 우리가 갈 수 없는 우주

별들에게도 지문이 있다 • H-R도 이야기 **156**

돌고 도는 별들의 죽살이 • 별의 진화 **163**

블랙홀을 찾아라 • 블랙홀 이야기 **169**

저 별이 몇 개로 보여? • 이중성 이야기 **174**

악마의 별 • 변광성 이야기 **179**

운이 없었던 천문학자 메시에 • 메시에 목록 이야기 **184**

우리 은하, 너희 은하 • 은하 이야기 **189**

지금 우주는 시간이 뒤죽박죽 • 우주 시간 이야기 **195**

4부 알수록 흥미로운 천문학 요모조모

억울한 여성 천문학자들 **200**

어! 거꾸로 보이네 **205**

우리에겐 우리 별자리 **211**

둥근 별떼, 널린 별떼 **216**

외계 행성을 찾아라 **220**

우주 장례식 **228**

5부 요기를 봐, 요기!

우주는 어디까지 알려졌나? • 천문학의 역사 234

요기를 눌러 봐 246

요기로 가 봐 248

요 책을 봐 251

요 영화를 봐 255

초판본 작가의 말 262

찾아보기 270

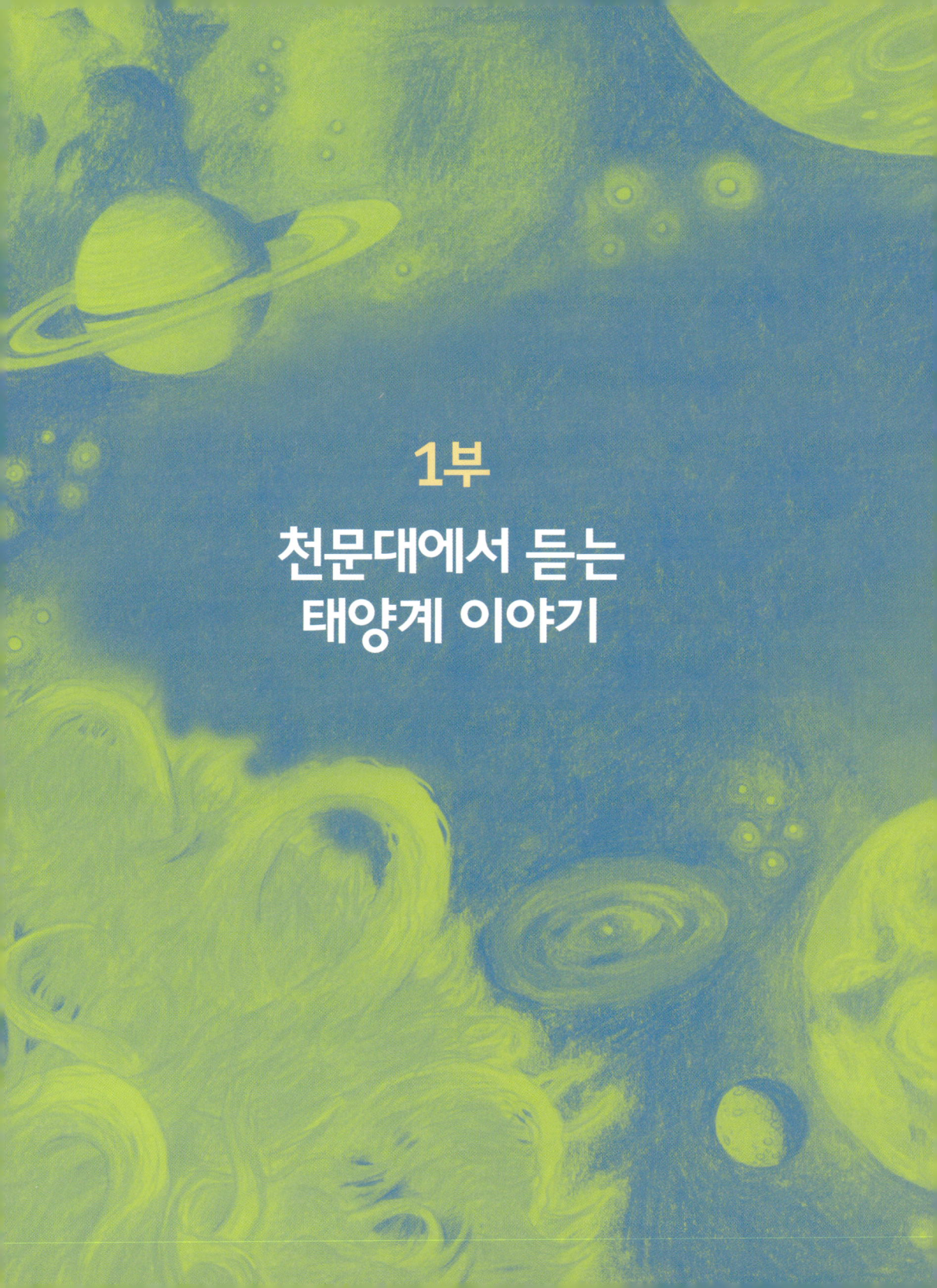

1부

천문대에서 듣는 태양계 이야기

천문대 가는 날

　토요일 오후, 민지 엄마는 시장 갈 때 쓰는 가방에 저녁 식사로 구워 먹을 돼지 목살과 쌈장, 오이, 상추를 챙겨 넣었어요. 오늘은 민지 아빠가 주말 숙직을 서는 날이라, 식구들이 소풍 가듯 아빠가 근무하는 산에 가기로 했거든요. 먹을 것을 든든하게 챙겨서 말이에요. 주말에는 조리사 아줌마가 안 오시기 때문이죠. 민지, 민우는 신이 났어요. 거기에 가면 평소에 할 수 없었던 일들을 할 수 있을 테니까요.

　민지 아빠가 뭐 하는 사람이냐고요? 민지 아빠는 보현산천문대에서 별을 보고 연구하는 천문학자예요. 천문학자들이 무슨 일을 하는지 궁금하지요? 자, 그럼 지금부터 보현산천문대에서 무슨 일이 벌어지는지 한번 볼까요?

　민지 엄마는 차에 시동을 걸고 경상북도 영천시를 지나는 35번 국도를 따라 보현산을 향해 달리기 시작했어요. 포도가 주렁주렁 달린 과

수원을 여러 개 지나 보현산 밑에 도착하자 꼬불꼬불하고 경사진 길이 나타났어요. 보기에도 아찔한 길이었지요. 차는 평평한 길을 가는 듯하다 갑자기 180도 돌면서 위로 올라가요. 그리고 또 평평한 길을 가다가 다시 방향을 반대로 바꾸면서 더 높은 곳으로 올라가죠. 차가 회전할 때마다 뒷좌석에 탄 아이들이 소리를 지르며 한쪽으로 넘어졌어요. 물론 재미로 소리를 지르는 거예요. 아이들은 창밖을 내다보며 소리를 지르기도 했어요. 길 아래쪽이 깎아지른 듯한 낭떠러지라 보고 있기만 해도 오금이 저리거든요. 이렇게 꼬불꼬불한 길을 9킬로미터나 올라가야 천문대가 나온답니다.

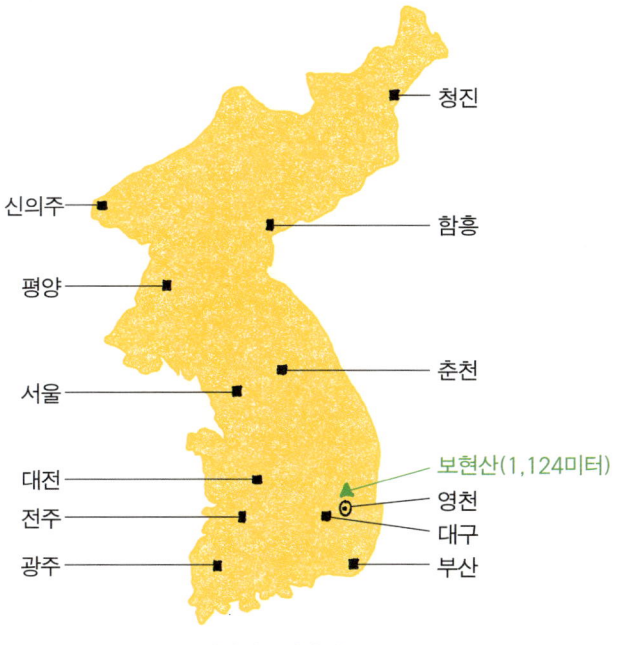

보현산천문대가 있는 곳

사람들은 길을 왜 이렇게 냈냐고 할지 몰라요. 산을 빙빙 둘러서 길을 내면 이렇게 곡예 운전을 하지 않아도 된다면서 말이에요. 실은 그렇게 길을 낸 천문대가 하나 있어요. 소백산천문대에 오르는 길이 바로 그래요. 1975년에 세운 소백산천문대는 산을 빙빙 감아 오르도록 길을 냈어요. 그랬더니 문제가 생겼어요. 겨울이 되면 산 북쪽에 있는 길이 모두 얼어붙는 거예요. 햇볕을 받는 남쪽 길은 눈이 녹지만 북쪽은 그렇지 못했던 거죠. 지금도 겨울에 길이 얼면 천문학자들은 걸어서 소백산천문대까지 올라가요.

이런 문제점을 해결하려고 보현산천문대를 지을 때는 길을 모두 남쪽에 내기로 했어요. 그러다 보니 길이 꼬불꼬불할 수밖에 없었죠. 처음 오는 사람들은 이 길을 오르는 내내 너무 긴장해서 다리가 저리다고 난리지만 이 길은 겨울에도 얼지 않아 관측자들은 모두 차를 타고 천문대까지 올라갈 수 있답니다. 하지만 아무리 남쪽에 있는 길이라도 눈이 엄청나게 많이 오면 어쩔 수 없어요.

겨울에 한번은 눈이 사람 키만큼 온 적이 있었어요. 보현산천문대에 근무하는 천문학자들은 포클레인을 불렀죠. 포클레인이 눈을 퍼내서 길을 만들면 등산 장비를 갖춘 천문학자들이 그 뒤를 따라 걸었어요. 눈을 치우는 일은 더디게 진행되었고 산꼭대기에 도착하니 이미 해 질 시간이 되었죠. 차를 타고 20분이면 올라오고도 남을 산길을 열 시간 걸려서 올라온 거예요. 천문학자들은 온 것이 아까워 도저히 내려갈 수 없었어요. 그래서 모두 천문대 숙소에서 자기로 하고 아무도 내려가지 않았답니다.

드디어 민지 엄마와 아이들은 산꼭대기에 도착했어요. 차에서 내리자 시원한 바람이 불었어요. 보현산의 높이는 1,124미터. 100미터 올라갈 때마다 기온이 0.65도씩 낮아지니까 보현산 꼭대기는 아랫마을보다 7도 정도 낮아요. 여름에 저 아래는 30도를 오르내리지만 이곳은 23도로 생활하기에 딱 좋죠. 이곳에 오면 피서가 따로 필요 없어요.

아이들은 차에서 내리자마자 아빠가 있는 천문대로 뛰어갔어요. 사방을 둘러보니 모든 산이 발아래에 있고 하늘은 탁 트여 있었죠. 그건 아주 당연한 일이에요. 보현산은 이 근처에서 가장 높은 산이거든요. 또 이곳은 맑은 날이 많고 강수량이 적은 곳이기도 해요. 이런 조건 때문에 보현산에 천문대를 지은 거예요. 하늘이 트여야 별을 보기 좋고, 맑은 날이 많아야 별을 볼 수 있는 날이 많아지니까요. 아무리 망원경이 최첨단 기술을 갖추고 있다고 해도 구름이 끼고 비가 오면 '말짱 도루묵'이에요. 구름을 걷어 내고 별을 볼 수 있는 방법은 아직 없거든요.

천문대 문을 열고 들어가자 아빠가 반갑게 맞아 주었어요. 민지 아빠는 아이들을 데리고 망원경이 있는 곳으로 올라갔어요. 그런데 이게 웬일이에요. 망원경이 있는 방에 들어섰지만 책에서 보던 길고 둥근 망원경은 보이지 않았어요. 대신 무지무지 커다란 쇠로 만든 기계 같은 것이 있었지요. 뭐가 망원경이라는 건지 도저히 알 수 없었어요. 보현산천문대에 있는 망원경이 어떻게 생겼는지 알고 싶다면 1만 원짜리 지폐 뒷면을 보면 돼요. 거기에는 우리나라 별자리 지도인 「천상열차분야지도」가 배경으로 깔려 있고, 그 위에 혼천시계의 일부분이 진하게 찍혀 있어요. 바로 그 오른쪽에 있는 게 보현산의 1.8미터 망원경이랍니다. 지폐에는 아주 작게 나와 있지만 실제로 보면 엄청나게 크답니다. 망원경 모양도 단순한 원통형이 아니고 말이에요.

'1.8미터'라는 것은 망원경 안에 들어 있는 렌즈의 지름이 1.8미터라는 뜻이에요. 그러니 망원경은 훨씬 더 크지요. 작은 망원경을 생각하고 왔던 아이들은 커다란 방을 꽉 채우고 있는 커다란 쇳덩어리가 바로 망원경이라는 사실을 알고 무척 놀랐어요. 그리고 이 커다란 것을 어떻게 이 산꼭대기까지 옮겨 왔는지 무척 궁금해졌지요. 그건 정말 쉬운 일이 아닐 것 같았어요. 실제로 저 큰 망원경을 여기까지 가져오는 데는 치밀한 작전이 필요했어요.

보현산천문대의 1.8미터 망원경은 프랑스에서 만들어졌어요. 망원경은 배를 타고 프랑스에서 우리나라로 왔어요. 배를 타는 일은 그리 어렵지 않았어요. 문제는 항구에서 보현산까지 오는 거였죠. 천문학자들은 고민에 빠졌어요. 망원경의 폭이 도로 폭보다 넓어서 좁은 2차선 도로를 꽉 채우는데다 높이 또한 높아서 육교나 굴다리가 있는 곳은 통과할 수 없었거든요. 또 빨리 갈 수도 없었어요. 워낙 예민한 물건이라 흔들리면 안 됐거든요. 천문학자들은 우리나라 지도를 펴 놓고 이

「천상열차분야지도」 목판본 (1571)과 보현산천문대의 1.8미터 망원경 1만 원짜리 지폐 뒷면에는 우리나라 별자리 지도인 「천상열차분야지도」 위에 보현산천문대의 1.8미터 망원경이 오른쪽에 그려 있다.

모든 조건을 맞출 수 있는 길을 신중하게 결정한 뒤 차가 다니지 않는 시간을 잘 골라 어렵게 산꼭대기까지 망원경을 옮겨 왔지요. 정말 힘든 일이었답니다.

눈앞에 있는 쇳덩어리가 망원경이라는 것을 알게 되자 아이들은 렌

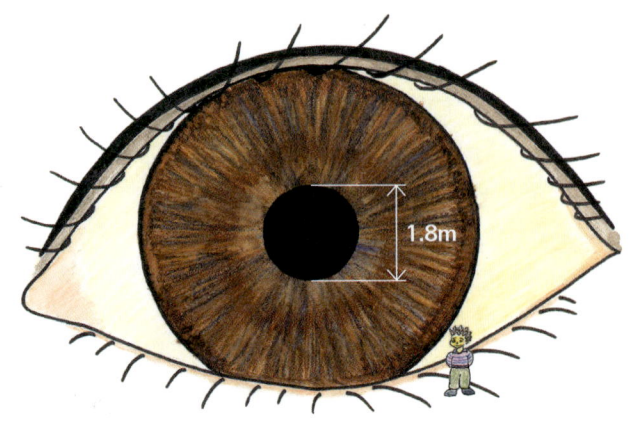

1.8미터 망원경은 눈동자 속의 동공이 1.8미터인 눈과 같다

즈가 어디에 있는지 궁금해졌어요. 민지 아빠는 망원경을 돌려 렌즈가 보이게 해 주었지요. 망원경 안에는 1.8미터나 되는 커다란 오목렌즈가 들어 있었고 그 렌즈에 아이들 모습이 크게 비쳤어요. 정말 신기했어요. 렌즈는 망원경을 이루는 가장 중요한 부품으로 사람으로 치면 눈과 같아요. 더 정확히 말하면 눈동자 안에 있는 동공과 같은 거죠. 보현산 망원경은 동공이 1.8미터인 큰 눈으로 우주를 바라보는 거예요. 동공은 빛을 받아들이는 부분으로, 어두운 곳에 가면 커지고 밝은 곳에 가면 작아져요. 여기서 기억해야 할 사실은 동공이 커질수록 빛을 많이 모을 수 있고 사물을 더 자세히 볼 수 있다는 거예요. 별빛은 너무나 약하기 때문에 렌즈가 크면 클수록 좋아요. 망원경은 크면 클수록 좋다는 거죠. 하지만 렌즈가 너무 크면 시간이 지나면서 모양이 서서히 변하기도 하고, 너무 무거워서 망원경을 만들기가 어려워요. 지금 지구인이 가지고 있는 기술로 완성된 것 중에는 지름이 10미터인 망원경이 가장 커요.

민지 아빠는 아이들을 데리고 망원경 아래층으로 갔어요. 그곳에는 컴퓨터 모니터가 여러 대 있었고 무엇에 쓰는지 알 수 없는 기계도 많이 있었어요. 모두 관측하는 데 쓰이는 컴퓨터와 기계였어요.

옛날에는 망원경에 눈을 대고 보거나 카메라를 달아 사진을 찍었어요. 천문대에는 필름을 보관할 수 있는 큰 창고와 암실이 꼭 있어야 했지요. 요즘 천문대의 모습은 좀 달라요. 망원경에 눈을 대고 보는 일은 거의 없어요. 망원경 끝에 전자카메라를 달아 망원경이 보는 모습을 모니터로 보고 그대로 사진을 찍어 컴퓨터에 저장하지요. 필름 보관소 대신 용량이 큰 컴퓨터가 천문대 한구석에 자리를 차지하고 있어요. 천문학자들은 망원경을 보며 연구하는 것이 아니라 모니터를 보며 일을 해요. 망원경에 직접 눈을 대고 보지 않으니 덜 낭만적이라고 할지 몰라도 천문학자들이 일을 하기는 훨씬 수월해졌어요. 옛날에는 망원경에 붙어 있어야 했기 때문에 겨울이면 추위를 견뎌야만 했어요. 그러나 요즘은 따뜻한 사무실에 앉아 원격조종으로 망원경을 움직이고 컴퓨터로 자료를 받고 분석해요. 덕분에 더 많은 일을 할 수 있게 되어서 일이 늘었답니다.

1.8미터 망원경과 거기에 붙어 있는 여러 가지 장비들은 세계에서 이것 하나뿐이에요. 대량 생산하는 가전제품과 전혀 다르지요. 그래서

고장이 나면 아주 골치 아파요. 텔레비전이 고장 나면 다른 것으로 바꿀 수 있고 부품도 바꾸기 쉽지만 지구에서 하나뿐인 이 물건은 고장이 나도 바꿀 것이 없어요. 망원경 부속이 망가지면 새 부속품이 도착하는 데 몇 주가 걸리기도 하죠. 부속품 역시 새로 만들어야 하거든요. 기계적인 문제뿐 아니라 프로그램에도 문제가 생길 수 있어요. 망원경을 작동하는 것, 관측한 자료를 컴퓨터에 담는 것, 그 자료를 분석하는 것, 이 모든 것이 프로그램이 제대로 짜여 있지 않다면 불가능해요. 기계의 문제든 프로그램의 문제든 망원경에 이상이 생기면 천문학자들은 공구를 든 수리공이 되기도 하고 소프트웨어 전문가가 되기도 하죠. 그러지 않으면 천문대가 돌아가지 않아요.

　천문대 구경을 잘하고 나니 오후 다섯 시가 되었어요. 해는 아직도 뜨거운 기운을 마구 내뿜고 있지만 민지네 식구들은 지금 저녁을 먹어야 해요. 저녁 먹기에는 좀 이른 것 같지요? 그래도 천문대에서는 해가 지기 훨씬 전에 저녁을 먹고 관측 준비를 해야 해요. 해가 지고 관측을 시작하려고 하면 너무 늦어요.

　민지네 식구들은 천문대에서 나와 옆에 있는 연구동으로 갔어요. 거기에는 천문학자들이 연구하는 연구실과 밥을 먹는 식당, 잠을 잘 수 있는 숙소가 있고 건물 가운데 로비에는 천문대를 짓는 과정이 담긴 사진이 전시되어 있답니다. 민지, 민우는 엄마, 아빠가 식사 준비를 하는 동안 전시실에서 사진을 보고 있었어요. 천문대가 생기기 전 보현산의 모습부터 산 남쪽을 파헤쳐 길을 만드는 과정, 천문대 건물이 생기고 크고 육중한 망원경이 올라가는 장면, 천문대가 완성되어 천문대에서 일하는 사람들이 모두 모여 찍은 기념사진까지 있었지요. 아이들은 기념사진에서 아빠를 찾아보았어요. 한참을 찾은 뒤에야 사진 속에서 안전모를 쓰고 있는 아빠를 찾을 수 있었어요. 그 모습이 너무 낯설어 처음에는 아빠인 줄 몰랐지 뭐예요.

지금은 천문대가 근사하게 완성되어 구경하러 오는 사람들이 다 좋아하지만 천문대를 세우는 동안 이곳은 건설 현장이었어요. 흙과 시멘트를 실은 트럭들이 오가고 울퉁불퉁한 돌길에 집을 지을 때 쓰는 자재들이 여기저기 널브러져 있었죠. 이런 곳에서는 안전모를 꼭 써야 해요. 민지 아빠의 동료인 한 천문학자는 무거운 공구가 머리로 떨어져 기절한 적도 있어요. 그때 안전모를 쓰고 있었기에 지금도 천문학자로 일하고 있지요. 만약 안전모를 쓰지 않았더라면 어떻게 되었을지 생각만 해도 끔찍해요. 전시실에 걸린 사진을 보며 아이들은 천문학자가 참 힘든 일이라고 생각했어요.

저녁 준비가 다 되었어요. 민지네 식구들은 준비해 간 돼지고기를 구워 맛있게 저녁을 먹었어요. 저녁을 다 먹은 뒤 민지 아빠는 서둘러 천문대로 돌아가 관측할 준비를 했어요. 바로 돔 뚜껑을 여는 거죠. 해가 지기 전에 돔의 뚜껑을 여는 것은 아주 중요한 일이에요. 우선 돔이 뭔지부터 알려 줄게요. 돔이란 망원경이 들어 있는 뚜껑 달린 건물에

보현산천문대의 건설 과정 보현산천문대는 1992년부터 도로를 만들기 시작해 1996년 4월에 완성되었다. **사진 1**: 천문대가 생기기 전 보현산에 도로를 내는 모습. **사진 2**: 천문대 건물을 올리는 모습. **사진 3**: 크고 육중한 망원경 렌즈를 돔으로 올리는 모습. **사진 4**: 완성된 보현산천문대 일대. 위쪽에 보이는 네모난 돔 속에 망원경이 있다. 망원경의 집인 돔은 대부분 둥근 공을 반으로 자른 모양이지만 보현산천문대의 돔은 네모난 모양이다.

요. 대부분 둥근 공을 반으로 잘라 놓은 듯한 모양의 뚜껑을 설치하는데, 보현산천문대 돔은 네모난 모양이랍니다. 해가 지기 전에 돔 뚜껑을 여는 이유는 바깥 공기와 돔 안의 공기를 섞으려는 거예요. 낮 동안 따뜻한 햇볕을 받은 돔과 망원경은 해가 질 무렵이 되어도 따뜻해요. 돔을 열면 찬 공기가 돔 안으로 들어오고, 찬 공기와 더운 공기가 섞이면서 망원경 둘레에 아지랑이들이 생기죠. 아지랑이 따위 아무것도 아니라고 생각할지 모르지만 아지랑이가 있으면 별이 잘 안 보여요. 별빛이 너무나 약해서 아지랑이 때문에 흔들리거든요. 아주 약한 별빛이라도 천문학자들에겐 무척 소중해요. 그래서 하나라도 놓치지 않고 잡아내려고 아지랑이를 없애는 거예요. 망원경과 바깥 공기의 온도가 같아지는 데는 시간이 좀 걸려요. 해가 지기 전에 미리미리 돔을 열어 아지랑이를 없애지 않으면 별이 나타났을 때 바로 관측을 시작할 수 없어요.

관측을 하는 동안에는 돔 둘레에 어떤 불빛도 새어 나와서는 안 돼요. 그래서 천문대와 주변에 있는 모든 건물의 창문에는 두꺼운 커튼을 치고 천문대 주변을 다니는 자동차는 밤이라도 불을 끄고 천천히 달려야 한답니다. 이럴 때 가장 아찔한 사람은 꼬불꼬불한 산길을 따라 천문대로 올라오는 자동차 운전자예요. 그 험한 길을 전조등도 켜지 않고 올라와야 하니 말이에요. 가끔 길에 산토끼 같은 들짐승이 나타나기도 하는데 눈만 파랗게 빛나기 때문에 운전하다 깜짝 놀라기도 하죠. 안 그래도 긴장하며 올라오는 사람들은 귀신이 나타났다고 호들갑을 떨

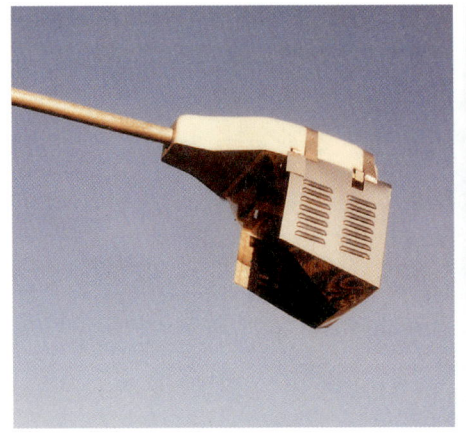 

갓을 씌운 가로등 보현산천문대 근처에 있는 가로등에는 이렇게 갓을 씌워 놓아 하늘로 불빛이 가는 것을 막는다.

상향등, 안개등 끄기 표지판 관측을 할 때는 하늘을 향해 불빛을 비추면 안 된다.

기도 해요.

 이렇게 운전자들이 조심해도 천문대 근처에 큰 도시가 있다면 아무 소용 없어요. 도시의 불빛이 별을 보는 데 방해가 되니까요. 별빛은 아주아주 약하거든요.

 민지 아빠가 관측 준비를 하는 동안 다른 식구들은 밖에 나와 이것저것 아는 별자리를 찾아보았어요. 그사이 해는 산 아래로 떨어지고 해가 있던 그 자리에 샛별이 빛나고 있었어요. 그리고 여름밤을 밝히는 밝은 별들이 하나둘 모습을 드러냈죠. 민지네 식구들은 별자리를 찾으려고 애썼어요.

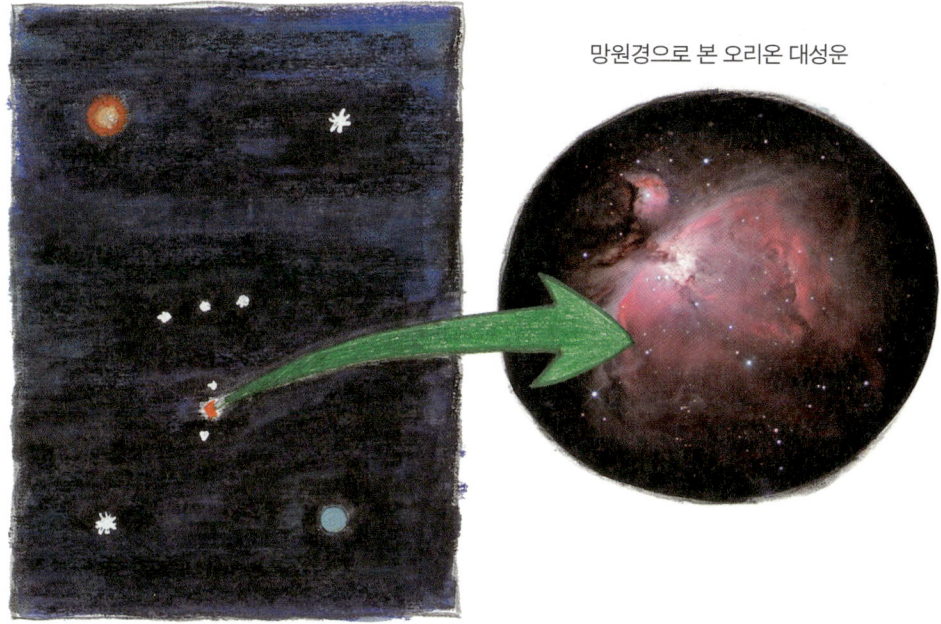

맨눈으로 보는 것과 망원경으로 보는 것의 차이 망원경으로 보면 성운은 잘 보이지만 시야가 좁아 별자리는 잘 안 보인다.

　바로 옆에 1.8미터 망원경이 있지만 별자리는 우리 눈으로 찾아야 해요. 큰 망원경은 좁은 구역을 자세히 볼 수 있는 대신 넓은 구역을 볼 수는 없어요. 별 하나를 진하게 볼 수는 있지만 그 별이 포함되어 있는 커다란 별자리를 볼 수는 없는 거죠. 별자리를 찾아보는 가장 좋은 방법은 맨눈으로 보는 거예요. 단순하고 원시적인 방법이 가장 좋을 때도 많이 있답니다.

넓은 하늘에는 정말 별들이 많이 있었어요. 고개를 들고 하늘을 보니 다른 것은 보이지 않고 별만 보였어요. 그리고 한순간, 표현할 수 없이 깊은 느낌이 스치고 지나가요.

'우리는 우주 깊숙한 곳에 있다!'

내 아름다움에 속으면 안 돼!
금성 이야기

가끔 천문대에는 유에프오(UFO)를 봤다는 신고 전화가 걸려 와요. 그런 전화는 거의 해가 지자마자 오거나 해 뜨기 바로 직전에 오죠. 바로 황금빛으로 빛나는 금성을 보고 신고하는 거예요. 금성은 해 질 무렵 해 근처에 잠시 나타났다가 사라지기도 하고, 해 뜨기 전 새벽에 해 근처에 잠시 나타났다가 사라지기도 한답니다. 금성은 지구보다 태양에 가깝기 때문에 늘 태양 근처에 붙어 앞서거니 뒤서거니 하는 것처럼 보여요. 마치 엄마 옆을 떠나지 못하는 어린아이 같죠. 금성은 두꺼운 유황 대기로 둘러싸여 있어 아주 진한 금색으로 보여요. 또 지구와 가까이 있기 때문에 멀리 있는 별처럼 희미하게 반짝이지 않고 아주 밝고 진하게 보이죠. 그런데다 자세히 보면 동그랗지 않고 길쭉한 초승달처럼 보이기도 해요. 그래서 사람들이 외계에서 온 우주선이라고 착각하는 거예요.

금성이 초승달처럼 보이는 이유 밖에서 보면 안쪽에 있는 행성은 늘 손톱만큼만 보인다.

금성은 아주 밝고 색이 아름다워서 옛날부터 여러 가지 별명이 있었어요. 동양에서는 '샛별'이라고 불렀고, 서양에서는 '비너스'라고 불렀어요. 그리스신화에 나오는 비너스는 아름다움의 여신으로 늘 자기의 아름다움을 뽐내며 거만하게 굴지요. 그것처럼 금성은 자신의 아름다움을 조금씩 보여 주다 말곤 해요. 저녁에 그리고 새벽에 조금씩 말이에요. 그런 것을 생각하면, 이름을 참 잘 지었다는 생각이 들어요.

이렇게 지구인에게 인기 만점인 금성은 과연 어떤 행성일까요? 금성의 두꺼운 대기는 황금빛으로 빛나 멋져 보이지만 금성의 표면이 어떻게 생겼는지 알 수 없게 만들어요. 산이 있는지, 계곡이 있는지, 강이 있는지, 도무지 알 수가 없죠. 사람들은 탐사선을 만들어 금성으로 보냈어요. 물론 사람은 타지 않았고, 두꺼운 금성의 대기를 뚫은 뒤 사진을 찍어 지구로 전송하도록 프로그램을 짜 두었지요.

탐사선이 금성에 도착하자 금성의 아름다움 뒤에 숨어 있던 무서운 현실이 드러났어요. 금성의 대기는 엘피지(LPG) 가스통 속보다도 더 무시무시했어요. 금성에 간 탐사선은 사방에서 죄어드는 금성의 공기 때문에 종잇장처럼 구겨지고 말았죠. 게다가 온도는 무려 500도! 우리는 한여름에 30도만 넘어도 더워서 미칠 지경이 되곤 하죠? 그런데 500도라니! 금성에서는 웬만한 것은 다 녹아내리고 말아요.

지구인들이 어렵게 만든 탐사선은 진한 노란색 연기 같은 금성의 대기 속으로 '퐁' 하고 들어가서는 겨우 한 시간 정도 견디다 망가지고

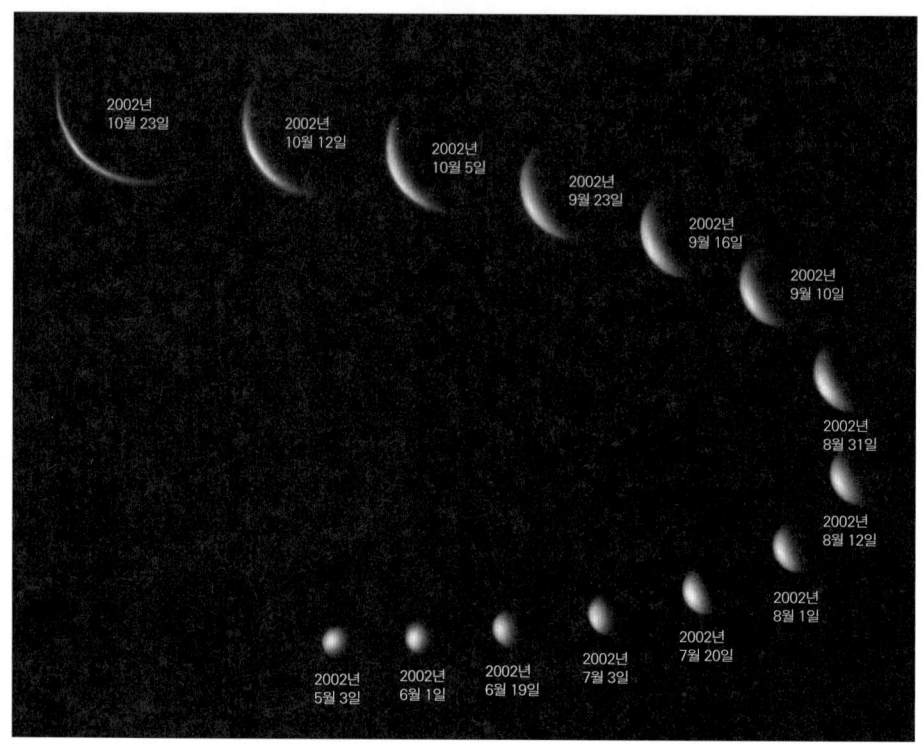

금성의 모습 변화 지구에서는 보름달처럼 둥근 금성을 볼 수 없다.

말았어요. 그나마 지구에서 금성의 대기 상태를 고려해서 튼튼하게 만들었기에 한 시간가량이라도 일할 수 있었지 그러지 않았다면 가자마자 바로 망가졌을 거예요.

금성 대기의 무시무시한 압력과 독성 때문에 금성에서는 탐사선뿐 아니라 생물도 살아남을 수가 없을 것 같아요. 그래도 혹시 모르니 금성에서 살 수 있는 생물을 상상이나 해 볼까요? 세상에는 아주 이상한 일이 많이 일어나니까요.

먼저, 금성에서는 무시무시한 압력을 견뎌야 하니 딱딱한 갑옷 같은 피부를 지니고 있어야겠죠? 키가 너무 커도 안 되고, 두 발로 걷는 것은 상상도 할 수 없어요. 그리고 독성을 거를 수 있는 튼튼하고 큰 허파를 지녀야 할 테니 가슴 부분이 아주 커야겠어요. 또 불투명한 대기를 뚫고 앞을 보려면 눈이 아주 좋거나 여러 개 있으면 좋겠고, 적외선 같은 것을 볼 수 있다면 더욱 좋겠네요.

음, 지구에도 비슷하게 생긴 생물이 있는데, 뭔지 알겠어요? 네, 바로 곤충이에요. 우리는 모두 아는 것을 바탕으로 상상하지요. 그래서 여러 조건을 맞추다 보니 곤충하고 비슷하게 되어 버렸어요. 이런, 그게 아니라고요? 그럼 나중에 한번 보여 줘요.

금성에는 아무것도 살 수 없어요. 금성은 겉보기는 아름다운 황금빛 행성이지만, 살기에는 아주 안 좋은 곳이에요.

토성은 수영을 좋아해
토성 이야기

 늘 볼 수 있는 것은 아니지만, 금성이 사라질 무렵에 토성과 목성 그리고 화성이 주르륵 나타나기도 해요. 그 가운데 사람들의 눈을 사로잡는 것은 토성이에요. 민지 엄마는 고등학교 다닐 때 본 토성의 모습을 아직도 기억하고 있어요. 동그란 망원경 속에서 띠를 두른 토성이 오른쪽에서 왼쪽으로 슉 지나가는 모습이었어요.

 하늘에 있는 별과 행성은 계속 움직이고 있어요. 지구가 자전하기 때문이죠. 지구가 서쪽에서 동쪽으로 자전하기 때문에, 별들은 동쪽에서 솟아 서쪽으로 지는 것처럼 보여요. 그래서 망원경도 별이 움직이는 속도만큼 따라서 움직여야 망원경 안에서 토성이 사라지지 않아요.

 하지만 옛날에 민지 엄마가 본 망원경에는 그런 기능이 없었어요. 토성을 크게 확대해서 아름다운 모습을 볼 수 있게는 해 주었지만, 토성이 동쪽에서 서쪽으로 가는 것을 따라잡지는 못했어요. 토성이 망원경

아름다운 띠가 있는 토성

시야에서 사라지면, 다시 토성을 찾는 일이 되풀이되었죠. 그래도 그 일은 아주 즐거운 일이었어요. 예쁜 띠를 두른 토성을 직접 보는 것이 재미있었기 때문이죠.

'하늘에 저런 것이 있다니, 희한하다' '띠 어디에도 둥그런 토성의 몸과 연결된 곳이 없는데 어떻게 늘 같이 붙어 다니지? 참 이상하다' 그런 생각을 했어요.

토성의 띠는 멀리서 보면 아름답지만 가까이서 보면 전혀 아름답지 않아요. 못생긴 돌들이 모여 띠가 된 것이거든요. 이 돌들은 토성의 중력 때문에 오지도 가지도 못하고 그곳에 붙들려 있는 거예요. 눈에 보이지 않는 중력이라는 끈으로 묶여 있는 것이지요.

1부 천문대에서 듣는 태양계 이야기

토성에 근사한 띠가 있는 것도 재미있지만 더 흥미로운 사실 하나는 토성을 물에 띄울 수가 있다는 거예요. 물론 토성이 들어갈 만큼 커다란 수영장이나 목욕탕이 있다면 말이에요.

아이참, 토성은 지구보다 750배나 크다는데 무슨 말을 그렇게 하냐고요? 그렇다면 왜 토성이 물에 뜨는지 지금부터 하는 이야기를 잘 들어 보세요.

토성과 목성은 덩치는 크지만 맷집은 별 볼 일이 없었어요. 특히 토성이 그렇지요. 지구보다 750배나 큰 것은 맞지만, 무게는 95배밖에 안 되거든요. 토성이 지구보다 750배 커도 고체 핵 역시 그만큼 큰 것은 아니에요.

지구를 유리구슬 크기만 하다고 보면, 토성의 고체 핵은 야구공만 해요. 하지만 토성의 겉보기는 그것보다 훨씬 커서 농구공만 해 보이지요. 그러니까 토성은 농구공 속에 야구공만 한 돌덩어리가 들어 있는 것과 같아요. 나머지 부분은 모두 기체와 액체로 이루어져 있는 것이지요. 이 농구공을 물에 던져 넣으면 어떻게 될까요? 속에 야구공만 한 돌덩어리가 들어 있다고 해도 물에 둥둥 뜰 거예요. 농구공 안은 기체로 가득 차 있으니까요. 토성이 바로 이런 상태예요.

지구에도 대기와 바다가 있기는 하지만, 지구의 바다와 대기는 지구라는 유리구슬을 얇게 싸고 있어서 잘 보이지도 않아요. 우리들은 없는 것이나 마찬가지인 얇은 막 속에서 살고 있는 거지요. 유리구슬이 물에

토성은 물보다 가볍다 만약 토성을 넣을 수 있는 커다란 수영장이 있다면 이렇게 토성을 둥둥 띄울 수 있다.

가라앉듯 지구도 물에 던져 넣으면 가라앉아요.

그렇다면 토성처럼 덩치가 큰 목성은 어떨까요? 목성은 토성보다 바다가 훨씬 두껍고 고체 핵도 커서 물에 넣으면 가라앉아요. 물보다 무거운 거죠. 태양계에 있는 행성 가운데 물보다 가벼운 것은 토성밖에 없어요.

거인족 행성과 난쟁이족 행성의 속 모습 비교

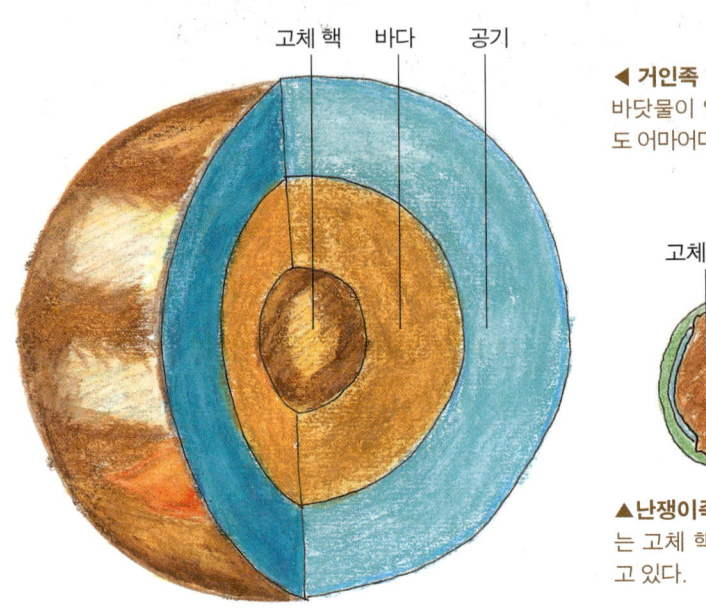

◀ **거인족 행성** 고체 핵에 비해 바닷물이 엄청나게 많고, 공기도 어마어마하게 많다.

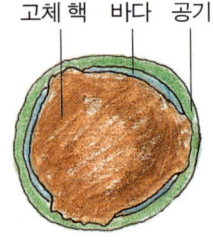

▲ **난쟁이족 행성** 바다와 공기는 고체 핵을 겨우 한 꺼풀 싸고 있다.

 천왕성이나 해왕성도 고체 핵에 비해 두꺼운 바다와 대기를 가지고 있어요. 지구에 비해 크기도 아주 크죠. 그래서 목성, 토성, 천왕성, 해왕성을 '거인족 행성'이라고 불러요. 이들보다 크기가 작은 수성, 금성, 지구, 화성은 '난쟁이족 행성'이라고 부르고요.

 난쟁이족 행성들도 예전에는 두꺼운 대기를 가지고 있었어요. 지금보다 공기가 아주 많았죠. 물론 성분은 달랐지만 말이에요. 하지만 태양이 빛과 열을 내기 시작하면서 강한 태양빛에 그 두꺼운 대기가 모두 쓸려 가 버리고 말았어요. 그래서 난쟁이족 행성들의 대기는 얇아져 버렸죠.

　이런저런 생각을 하면서 민지 엄마는 창고에 있는 망원경을 꺼내 아이들에게 보여 주었어요. 우선 파인더로 토성을 찾았어요. 파인더란 망원경 옆에 붙어 있는 작은 망원경으로 매직펜만 한데, 넓은 곳을 볼 수 있어서 별을 찾기 쉬워요. 파인더로 토성을 찾으면, 망원경의 중심에도 토성이 들어와 있어요. 이 망원경은 토성을 크게 보여 주긴 하지만 시야가 좁기 때문에 바로 토성을 찾기가 어려워요. 그래서 시야가 넓은 파인더의 도움을 받는 거지요.

　아이들은 예쁜 띠를 두른 토성을 보고 아주 좋아했어요. 모든 지구인들은 처음 망원경으로 토성을 보면 다 신기하게 생각하고 놀라요. 사진으로 보는 것과 직접 보는 것은 느낌이 아주 다르거든요.

　민지 엄마는 고등학교 때 느꼈던 신비함을 아이들도 느꼈으면 좋겠다고 생각했어요. 아울러 세상이 편해졌다는 생각도 했죠. 이 망원경에는 자동으로 별을 따라가는 장치가 있어서 토성을 잃어버릴 염려가 없었거든요.

내가 조금만 컸더라면
목성 이야기

　보현산천문대 연구동 앞에는 구경하러 온 사람들을 위해 지어진 전시관이 있어요. 전시실에 들어선 민지는 태양계 식구들이 그려진 커다란 그림을 보게 되었어요.

　그림에는 태양이 그림판을 가득 채울 만큼 크게 그려져 있고, 그 앞에 행성 가운데 가장 큰 목성과 아까 본 토성 그리고 좀 작은 천왕성이 그려져 있어요. 그리고 그 옆에는 코딱지만 한 지구와 금성, 화성, 수성, 명왕성이 그려져 있었죠.

　민지는 느낌이 이상했어요. 내가 살고 있는 행성이 이렇게 작다니! 몇 발자국 뒤로 물러서면, 지구는 그 그림에서 잘 보이지도 않을 것 같았어요.

　사실 명왕성까지만 나가도, 태양과 목성이 겨우 보일 뿐이니까 지구는 잘 보이지 않아요. 태양에 너무 가까이 있기 때문이죠.

더 먼 곳에서는 더욱 안 보이겠지요. 만약 아주 먼 별의 행성에 외계인들이 살고 있다면, 그들은 태양이 조금씩 비틀거린다는 것을 알게 될 거예요. 그러면 누가 태양을 비틀거리게 하는지 찾으려고 애를 쓰겠죠. 자기들이 쓸 수 있는 방법을 다 동원한 외계인들은 바로 목성 때문에 태양이 조금씩 비틀거린다는 것을 알게 될 거예요. 그리고 외계인들은 태양이라는 별에서 행성이 발견되었다고 좋아하며 논문을 써서 발표하겠지요. 하지만 어디에도 지구에 대한 이야기는 없을 거예요. 그만큼 지구는 아주 작고 눈에 띄지 않아요.

태양계 식구들 태양계는 스스로 빛을 내는 별인 태양과 그 둘레를 도는 행성들로 이루어져 있다. 수성, 금성, 지구, 화성, 목성, 토성, 천왕성, 해왕성이 행성이고 이 행성들보다 작은 소행성은 셀 수 없을 만큼 많다. 태양계를 조금만 벗어나도 행성들은 잘 보이지 않는다.

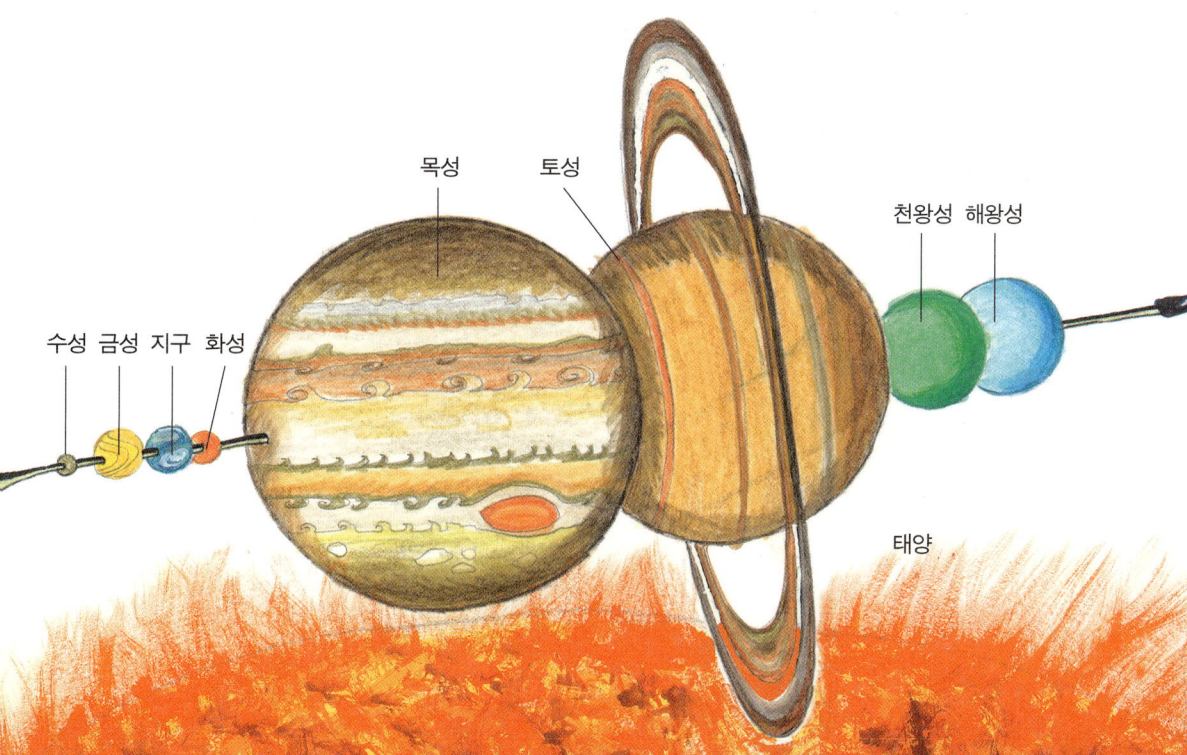

목성 태양계에서 가장 큰 행성이면서 태양에 영향도 주고 있다.

목성은 태양계에서 가장 큰 행성이면서 태양에 작은 영향도 주고 있어요. 지금은 태양빛을 반사해서 자기 자신을 알리는 처지이지만, 만약 목성이 지금보다 조금만 더 컸더라면 스스로 빛을 내는 작은 별이 되었을 거예요. 그러면 우리는 해가 두 개 있는 세상에서 사는 사람들이 되었겠지요.

물론 해가 두 개라고 해서 지금 있는 태양처럼 밝고 뜨거운 것이 두 개라는 소리는 아니에요. 목성은 태양보다 작고 또 지구에서 멀리 떨어져 있어요. 그래서 스스로 빛을 낸다 하더라도 지금의 해처럼 될 수는 없어요. 그저 아주 밝은 별이 하나 생기겠죠. 그리고 크기에 따라 그 별빛으로 책을 읽을 수도 있을 것이고요.

태양계가 처음 만들어질 때는 모든 것이 하나의 커다란 가스 원반 같았어요. 그 가스 원반의 중심부는 태양이 되었고, 나머지 부분이 군데군데 뭉쳐서 행성이 되었다고 생각하고 있죠. 그 과정에서 목성이

목성과 슈메이커-레비 혜성의 충돌 왼쪽은 지구에서 본 목성과 혜성의 충돌 장면이고, 오른쪽은 목성 뒤쪽에서 본 충돌 장면이다.

 조금 더 물질을 끌어모을 수만 있었더라면, 목성은 스스로 불타는 별이 될 수 있었을 거예요. 지금도 아주 적은 양이지만 목성 안에서는 열이 만들어지고 있어요. 하지만 영원히 빛을 내지는 못할 거예요.

 민지는 그 옆에 있는 사진도 보았어요. 쪼개진 슈메이커-레비 혜성이 줄줄이 목성으로 가 충돌하는 사진이었어요. 혜성의 조각을 세어 보니 여덟 개 정도였어요. 하지만 설명하는 글에는 조각이 더 많다고 쓰여 있었고, 이어서 이런 내용이 있었어요.

 "쪼개진 혜성들은 목성 뒤쪽 어두운 면에서 충돌해서, 지구에서는 그 장면을 직접 볼 수는 없었다. 하지만 몇 시간 뒤 혜성과 충돌한 부분이 밝은 면으로 나왔을 때 그 크기는 지구의 반이 들어갈 정도로 컸다.

그리고 충돌 자국은 몇 개월이나 남아 있었다."

그 옆에는 1994년에 일어난 일이라고 적혀 있었고요.

민지는 저 혜성이 지구에 부딪힐 수도 있다는 생각이 들었어요.

'만약 나와 동생은 학교에 있고 엄마는 집에, 아빠는 천문대에 있을 때 혜성이 지구에 떨어지면 어떻게 될까?'

이런 생각을 하니 갑자기 소름이 돋는 것 같았어요.

하지만 여러분, 목성에 떨어졌던 슈메이커-레비 혜성이 지구에 떨어진다면 민지처럼 걱정할 필요가 없어요. 걱정하기 전에 모두 죽을 테니까요.

수성에 가면 나이가 네 배?
수성 이야기

민지 동생 민우는 연구동으로 돌아와 컴퓨터게임을 하고 있었어요. 연구소에 있는 컴퓨터는 집에 있는 것보다 속도도 빠르고 화면도 훨씬 커요. 게다가 컴퓨터가 여러 대 있기 때문에 온 식구가 온라인 게임도 할 수 있어요. 사실 민우가 천문대에 오고 싶어 한 까닭은 좋은 공기를 마시고 아름다운 별을 볼 수 있어서라기보다는 컴퓨터게임을 하고 싶어서예요.

민우는 여럿이 같이하는 대포 쏘기 게임을 하고 있었어요. 하지만 밤 열 시가 넘어가자 그만 서버와 접속이 끊어져 게임을 할 수 없게 되었지요. 게임을 하러 서버에 접속하는 사람이 많았나 봐요.

게임 화면이 사라지고 다시 초기 화면이 나타났어요. 화면 왼쪽에는 아이콘들이 아주 많이 있었지요. 그 가운데 토성과 목성이 같이 그려진 아이콘이 민우의 눈길을 끌었어요. 밑에 뭐라고 영어로 쓰여 있었지만

수성 태양에서 가장 가까운 행성.

무슨 뜻인지 알 수가 없었지요. 민우는 그냥 그 아이콘에 마우스를 대고 '따가닥' 클릭했어요.

그러자 화면에 이글이글 불타는 태양이 나타났어요. 그리고 마치 우주선을 탄 것처럼 화면이 태양에 가장 가까이 있는 수성을 지나 금성, 지구, 화성을 지나가는 거예요. 그리고 점점 속도가 빨라지더니 토성, 목성을 지나 '슉' 하는 소리를 내며 아주 빠르게 태양계를 벗어났어요.

그리고 이런 제목이 나타났어요. '태양계 탐험'.

'태양계 탐험'이라는 제목 밑에는 아홉 개의 행성과 소행성과 혜성 들의 아이콘이 있었어요. 민우는 가장 앞에 있는 것을 눌렀지요. 태양에서 가장 가까운 행성, 바로 수성이었어요.

화면에는 이런 질문이 나타났어요.

"당신의 나이는 몇 살입니까?"

민우는 여덟 살이었으므로 숫자 8을 눌렀어요. 그랬더니 "수성에서 당신의 나이는 서른세 살입니다"라고 나오는 거예요. 이럴 수가! 내 나이가 서른세 살이라니! 민우는 이해할 수가 없었지요.

화성에서는 네 살   지구에서는 여덟 살   수성에서는 서른세 살

행성마다의 나이 비교 화성은 2년(지구 기준)에 한 번 태양을 돌므로 그곳에선 나이를 천천히 먹는다. 그렇다고 수성에서는 금방 어른이 된다는 뜻은 아니다. 그저 숫자로서의 나이가 빨리 늘어난다는 뜻.

우리가 1년 365일이라고 말할 때의 1년은 지구가 태양을 한 바퀴 도는 기간을 말하는 것이에요. 하루 24시간은 지구가 스스로 한 번 도는 시간을 말하고요. 그러니까 만약 지구가 200일 만에 태양을 한 바퀴 돈다면 200일이 1년이 될 것이고, 지구가 스스로 한 번 도는 데 50시간이 걸린다면 50시간이 하루가 되는 거죠.

그런데 수성은 태양을 도는 데 88일 정도가 걸려요. 그러니까 수성에서는 88일이 1년이 되는 거예요. 그리고 스스로 한 바퀴 도는 데는

59일 정도가 걸리니, 59일이 하루가 되는 거죠. 우리 지구와는 참 많이 다르죠? 지구와 비교해 보면 1년은 아주 짧고 하루는 아주 기니까요.

그래서 수성에 살면 88일 만에 한 살씩 먹게 되지요. 지구에서보다 나이를 얼추 네 배씩 빨리 먹게 되는 거예요.

그렇다 하더라도 걱정할 것은 없어요. 나이를 나타내는 숫자가 빨리 늘어난다는 것이지, 진짜로 몸까지 빨리 늙는 것은 아니니까요.

그런데 수성에서는 달력을 어떻게 만들면 좋을까요? 하루는 너무 길고, 이틀이 지나려면 그사이에 1년이 지나 버리니 말이에요.

어쨌든 우리가 수성에서 태어나지 않은 것이 얼마나 다행스런 일이에요? 59일이나 되는 긴 하루 동안 학교에서 공부할 생각을 해 보세요. 생각만 해도 끔찍하지요?

달과 지구는 원래 한 몸?
달 이야기

　자정이 지나자 동쪽 하늘에서 달이 뜨기 시작했어요. 하지만 이 달은 보통 밤에 보던 달하고는 좀 달랐어요. 보통 저녁에 보는 달은 오른쪽이 둥그스름한 반달이나 초승달이었는데, 늦게 뜨는 이 달은 그 반대였거든요. 왼쪽이 통통하고 오른쪽이 잘려 나간 모습을 하고 있었던 거예요.

　사람들은 오른쪽이 둥근 달을 '상현', 왼쪽이 통통한 달을 '하현'이라고 부르지요. 상현달은 저녁때 뜨고, 하현달은 늦은 밤에 떠요. 그런데 사람들은 늦게까지 자지 않는 경우가 별로 없기 때문에 상현달에 익숙해 있어요. 그래서 하현달을 보면 뭔가 이상하다는 생각을 하는 거죠.

　상현달이든 하현달이든 반달이 떴다면 얼른 망원경을 가져다 놓고 달에 난 분화구를 봐야 해요. 반달일 때 분화구가 가장 잘 보이기 때문이에요. 특히 달이 반 잘라진 부분을 망원경으로 보면 분화구가 크고

달의 정면

선명하게 보인답니다. 보름달일 때는 태양이 달의 바로 앞에서 빛을 내리쬐기 때문에 분화구가 오히려 잘 보이지 않아요. 이렇게 크고 모양이 변하는 달을 볼 수 있는 건 우리 지구인들뿐이에요. 우리가 운 좋게 크고 둥근 달을 가지게 된 이유는 무엇일까요? 과학자들은 달이 태어난 과정을 다음과 같이 설명하고 있어요.

이야기는 태양이 처음 생겨나고 지구가 만들어질 무렵인 45억 년 전으로 거슬러 올라가요. 태양이 생기고 난 뒤 그 주변에 있던 부스러기들이 모여서 행성이 만들어질 무렵 말이에요.

45억 년 전 태양계가 있던 자리는 온갖 먼지와 크고 작은 돌들로 지저분하기 이를 데 없었어요. 만약 그 자리에 있었다면 온통 뿌옇고 돌 투성이인 하늘만 볼 수 있었을 거예요. 지금과는 많이 다른 상황이었죠.

태양에서 1억 5,000만 킬로미터 떨어진 곳에 흩어져 있던 부스러기들이 모이고 뭉쳐서 작은 지구가 생겼어요. 말이 부스러기지 커다란 돌

달에서 본 떠오르는 지구

덩어리들이었고 뭉치는 과정도 조용하지 않았어요. 돌들끼리 쾅쾅 부딪히고 빠지직 깨지고 요란하기 이를 데 없었죠.

지구가 어느 정도 크기에 이르자 돌들이 끌려 와서 지구에 합쳐졌어요. 지구의 중력 때문이죠. 우주에서 보면 돌들이 지구와 합쳐진 거지만 지구에서 본다면 돌이 비 오듯 떨어지는 상황이었어요. 지구는 점점 커져 갔어요. 우주에서 돌이 소나기 치듯 떨어지는데, 이 돌들은 지구 대기에 들어오면서 불이 붙어 지구는 불바다였어요. 날마다 무시무시한 별똥별 쇼가 벌어졌지요.

달의 생성 과정

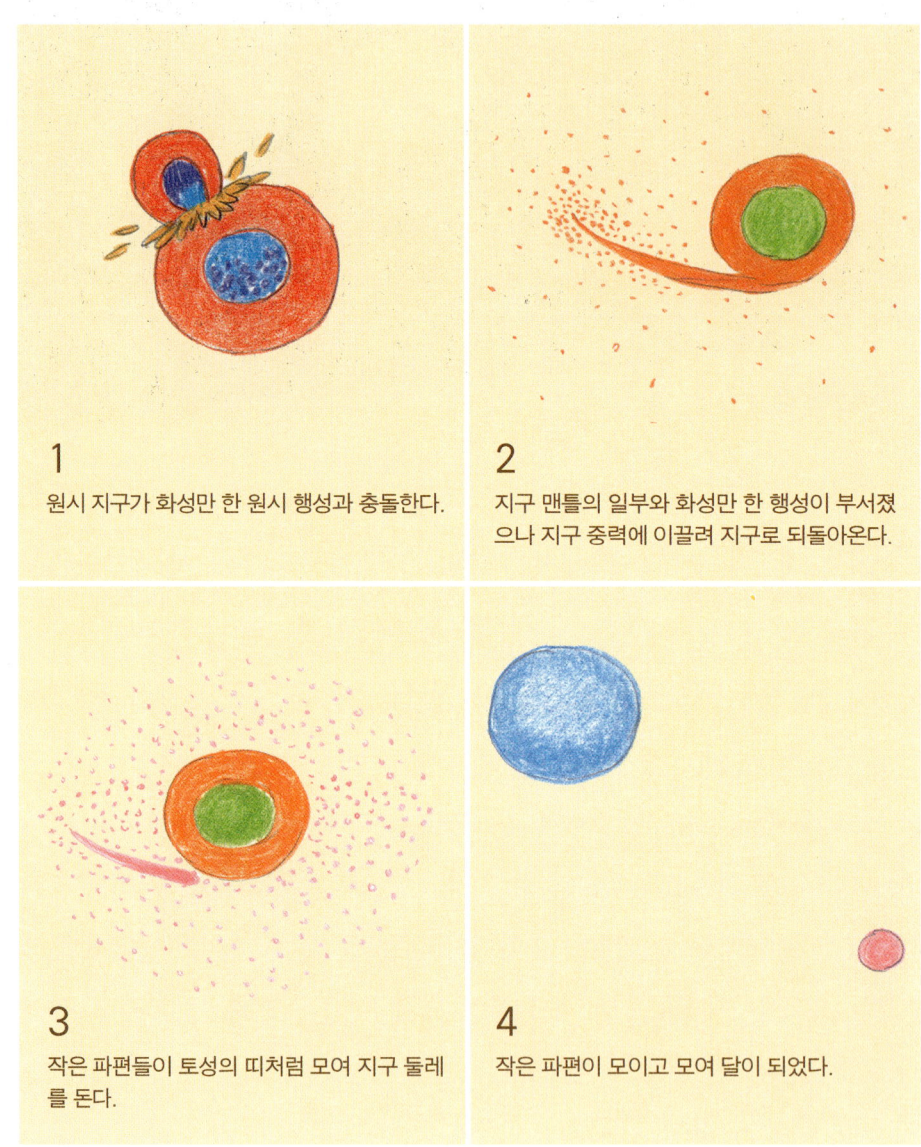

1 원시 지구가 화성만 한 원시 행성과 충돌한다.

2 지구 맨틀의 일부와 화성만 한 행성이 부서졌으나 지구 중력에 이끌려 지구로 되돌아온다.

3 작은 파편들이 토성의 띠처럼 모여 지구 둘레를 돈다.

4 작은 파편이 모이고 모여 달이 되었다.

이런 일이 오랜 시간 되풀이되니 지구는 식을 날이 없었어요. 지구 표면에는 끓는 용암이 흘러 다녔고 화산이 쉬지 않고 여기저기서 폭발을 일으켰지요. 그때 우주에서 난데없이 아주아주 커다란 소행성이 날아오더니 지구를 있는 힘껏 후려쳤어요. 재미있는 것은 이다음부터예요. 충돌이 일어나자 그 충격으로 지구의 한쪽이 뭉텅뭉텅 떨어져 나갔어요. 소행성은 다 부서져 파편이 되어 흩어졌지요. 파편들은 지구의 중력에 이끌려 대부분 돌아왔지만 일부는 지구 둘레에 남아 띠를 이루었어요. 시간이 지나면서 띠를 이루던 돌들이 뭉쳐 지금의 달이 되었어요. 또 그때의 충격으로 지구의 자전축이 23.5도 기울어졌대요.

어때요? 정말 흥미진진한 이야기죠? 과학자들은 이 과정을 프로그램으로 만들어 이 이론의 가능성이 아주 높음을 확인했어요. 커다란 소행성이 지구에 떨어지는 일은 무시무시한 결과를 낳아요. 중생대에 번성했던 공룡도 소행성 충돌 때문에 멸종했다는 가설이 거의 정설로 받아들여지고 있을 정도니까요. 하지만 지구가 생길 무렵 소행성이 지구를 때리지 않았다면 달은 없었을 것이고 자전축이 기울지 않아 사계절이 생기는 일도 없었겠죠. 모든 일에는 좋은 면과 나쁜 면이 함께 있답니다.

시간이 지나자 민지네 식구들은 슬슬 배가 고파지기 시작했어요. 저녁을 일찍 먹은데다 보통 때 같으면 벌써 잠들었을 시간인데 한참이 지나도록 깨어 있었기 때문이지요. 아이들은 연구동 1층에 있는 과자

진열장으로 달려갔어요. 진열장 안에는 여러 가지 과자와 볼펜이 달린 노트가 놓여 있어요. 아이들은 연노랑색에 표면이 울퉁불퉁하고 씹는 느낌이 파삭파삭한 '사브레 쿠키'를 한 통 집어 든 뒤 노트에 아빠 이름을 쓰고 포장을 뜯어 허겁지겁 먹었어요. 과자를 두 개쯤 먹고 세 개째를 반쯤 먹었을 때 아이들은 문득 과자를 보았어요. 과자 반쪽이 꼭 아까 본 반쪽짜리 달 같았어요.

아, 과자 값은 누가 냈냐고요? 누구긴 누구겠어요, 민지 아빠지. 민지 아빠는 한 달에 한 번, 노트에 적힌 과자 값을 천문대에 지불한답니다.

화성 생물 잡는 법
화성 이야기

과자를 다 먹은 민지와 민우는 마실 것을 찾아 냉장고를 뒤지기 시작했어요. 과자를 먹었으니 시원한 주스를 마시고 싶었던 거죠.

사람을 포함해서 모든 생물은 먹고 마시지 않으면 살 수 없어요. 그래서 사냥꾼들이 덫을 놓을 때 미끼로 먹을 것을 쓰는 게 아니겠어요? 먹다 만 식빵이나 밥을 오래 두면 그 위에 곰팡이가 피지요? 그것도 다 곰팡이가 식빵 조각이나 밥을 먹으려고 달라붙어서 그런 거라고요.

과학자들은 지구에 살지 않는 외계 생물도 마찬가지일 거라고 생각해요. 그렇다면 화성에 사는 생물을 찾아낼 가장 좋은 방법은? 맞아요. 먹을 것을 이용하는 거예요. 물론 여기에는 큰 어려움이 있어요. 우리는 화성 생물의 식성에 대해서 아는 것이 하나도 없기 때문에 무엇을 준비해야 할지 잘 몰라요. 그래도 한 가지 확실한 것은 생물이라면 물을 좋아할 확률이 크다는 거예요. 지구 생물이 물에서 생겼듯이 화성

지구 생물들의 조상은 화성 생물이었을지도 모른다

생물도 물에서 생겼다면 우리처럼 물이 꼭 필요하겠죠. 그렇다면 물에다 여러 가지 영양소를 타서 화성 생물을 초대하는 것은 어떨까요? 너무 간단한 것 같지만 이런 생각을 한 과학자가 진짜로 있었어요.

울프 블라디미르 비슈니아크

미국에 살았던 미생물학자 울프 블라디미르 비슈니아크(1922~73)는 화성 생물을 잡을 미끼로 쓸 주스를 만들었어요. 영양소가 듬뿍 들어 있는 주스 통을 바이킹호에 실어 화성으로 가져간 다음, 화성에 도착해서 화성 흙을 한 줌 집어 주스 통에 넣기만 하면 임무 완료! 흙 속에 미생물이 있다면 어떤 방식으로든 주스의 성분을 바꾸어 놓을 거예요. 만약 주스의 성분이 달라지고 뿌옇게 변한다면, 그것은 미생물이 살고 있다는 증거인 거죠. 운이 좋아서 화성의 미생물이 번식이라도 한다면 우리는 화성 생물을 실제로 볼 수도 있을 거예요. 곰팡이 하나는 안 보이지만 이것이 많이 모여 있으면 보이는 것처럼 말예요. 반대로 화성의 흙을 넣었는데도 주스가 그대로라면 그 흙에는 미생물이 없는 것이지요. 아주 간단해요. 비슈니아크의 동료들은 그의 이름을 따서 이 주스 통을 '울프 트랩'(늑대의 덫)이라고 불렀어요.

 '늑대의 덫'은 다른 미생물 학자들이 만든 화성 생물 덫과 함께 바이킹호를 탈 예정이었어요. 그러나 '늑대의 덫'은 바이킹호에 탈 수 없었어요. 돈이 없다는 이유로 비슈니아크의 실험만 취소되었기 때문이죠. 비슈니아크는 너무나 실망했어요. 이 주스 통을 만드는 데 12년이나 걸렸거든요.

바이킹 랜더 화성에 착륙해서 화성 표면을 탐구하는 탐사선.

 꿩 대신 닭이라고 비슈니아크는 이 주스 통을 들고 화성 대신 남극으로 갔어요. 평균기온 영하 15도, 흙의 온도 영하 10도, 이것은 화성의 여름 기온과 같아요. 남극은 화성의 여름과 가장 닮은 곳이에요. 사람들은 이런 남극이 너무 추워서 아무런 생물도 살지 않는다고 생각했지만 비슈니아크의 생각은 좀 달랐어요. 너무 무모한 실험이라는 사람들도 있었지만 비슈니아크와 동료들은 남극 여기저기에 주스 통을 놓아두고 한 달 뒤에 거두어 미생물이 있는지 없는지 확인하기로 했지요. 과연 어떤 결과가 나왔을까요?

놀랍게도 아무것도 살 수 없을 것 같은 남극에 미생물이 살고 있었어요. 눈에 보이지 않는 작은 미생물은 우리가 생각한 것보다 생명력이 강했어요. 그 주스 통이 바이킹호를 탔어야 했던 건데 정말 안타깝지요?

그러나 그 전에 더 안타까운 일이 있었어요. 주스 통을 가지러 남극으로 간 비슈니아크가 발을 헛디뎌 얼음 골짜기로 떨어져 죽고 만 거예요. 비슈니아크는 자기가 만든 주스 통에 미생물이 번식했다는 것을 확인도 못 하고 죽은 거지요. 동료들이 그를 대신해 연구를 계속했고 남극에도 미생물이 산다는 흥미로운 결과를 얻어 낸 거예요.

이런 일이 있은 다음, 사람들은 화성에도 혹시 생물이 남아 있지 않을까 하는 희망을 품게 되었어요.

일곱 번째 행성에 이름 붙이기
천왕성 이야기

　과자를 먹고 허기를 면하자 아이들은 졸기 시작했어요. 민지 엄마는 아이들을 데리고 연구동 끝에 있는 넓은 방으로 갔어요. 그 방은 천문대에 관측을 하러 오는 사람들이 잘 수 있게 꾸며진 방이었어요. 방은 스무 명도 너끈히 잘 수 있을 만큼 커서, 아이들은 이불장에 있는 이불을 죄다 꺼낸 뒤 김밥 말기 놀이를 하면 정말 재밌을 것 같았어요. 그러나 그 놀이를 오래 할 수는 없어요. 금방 엄마가 들어와 자라고 할 테니까요. 아니나 다를까 민지 엄마가 들어와 이불 두 채만 남기고 나머지는 모두 둘둘 말아 방 한구석에 밀어 놓았어요. 그리고 재미있는 이야기를 해 주겠다고 아이들을 구슬리기 시작했어요. 바로 천왕성과 해왕성이 발견된 이야기였죠.

　옛날 사람들은 행성은 금성, 지구, 화성, 목성, 토성만 있다고 생각했어요. 수성은 태양에 너무 바싹 붙어 있어서 잘 보이지 않았고, 천왕성,

윌리엄 허셜 **캐럴라인 허셜**

해왕성, 명왕성은 너무 멀리 있어서 잘 보이지 않았기 때문이죠.

토성보다 더 멀리 있는 행성들은 인내심이 강한 몇몇 사람들 덕분에 지구인들에게 알려지게 되었어요.

자, 그럼 그 이야기를 시작해 볼까요?

1780년 무렵 영국에는 윌리엄 허셜(1738~1822)과 캐럴라인 허셜(1750~1848)이라는 남매가 살고 있었어요. 오빠인 윌리엄 허셜은 교회에서 오르간을 연주하는 음악가였어요. 하지만 밤에는 스스로 렌즈를 깎고 망원경을 만들어 열심히 별을 관측했지요. 여동생 캐럴라인 또한 망원경을 만드는 재주가 뛰어났어요. 오빠와 번갈아 관측을 하며 별 지도를 그리고 목록을 적는 일은 물론 간식을 챙기는 일까지 맡아 했지요.

1781년 봄, 열심히 밤하늘을 쳐다보던 윌리엄 허셜은 희뿌연 천체를 하나 찾아냈어요. 윌리엄은 그것이 혜성일지도 모른다는 생각을 했죠. 하지만 몇 달이 지나도록 그 천체는 혜성처럼 빠르게 지구로 다가오지도 않았고 꼬리가 생기지도 않았어요. 윌리엄은 몇 달 동안 관측한 기록을 바탕으로 이 천체의 궤도를 계산해 보았어요. 그러자 놀랍게도 이것은 태양을 중심으로 도는 일곱 번째 행성이라는 결론을 얻게 되었어요. 허셜 남매는 무척이나 기뻤어요. 토성을 끝으로 행성은 더 이상 없다고 생각하고 있었는데 새로운 행성이 있었다니! 게다가 그것을 발견한 사람이 바로 자신들이라는 것이 꿈만 같았죠.

하지만 그전에 살았던 천문학자들이 그러했듯이 윌리엄은 이 사실을 알리는 일이 은근히 걱정되었어요. 만약 새로운 행성을 발견했다고 발표했다가 그것이 아니라고 밝혀지면 평생 멍청이라는 소리를 듣고 살아야 했기 때문이에요. 그리고 허셜 남매는 정식 천문학자도 아니었고 왕립과학협회의 회원도 아니었어요. 새 행성을 발견했다고 발표하면 모두 의심부터 하고 들 것이 뻔했어요.

윌리엄 허셜이 새 행성이 있다는 사실을 발표하자 수많은 천문학자들이 이 천체를 관측하기 시작했어요. 그리고 그것은 틀림없는 일곱 번째 행성이라는 결론을 얻게 되었죠. 일곱 번째 행성은 지구인들이 세상에 나오기 전부터 그 자리에 있었던 것이 사실이니까요. 윌리엄 허셜은 즉시 왕립과학협회의 회원이 되었을 뿐만 아니라 왕으로부터 엄청난 돈을 받게 되었어요. 그런데 캐럴라인은 6년이 지나서야 왕으로부터

자전축이 98도나 기울어진 천왕성 까닭은 알 수 없지만 천왕성은 거의 누워서 자전하며 태양 둘레를 돈다. 반면 다른 행성들은 바로 서 있거나 조금씩 기울어져 있다.

월급을 받을 수 있었어요.

한편 영국의 왕 조지 3세는 허셜이 새 행성을 발견한 것이 무척 기뻤어요. 그동안 영국은 천문학 분야에서 이웃 나라 프랑스나 독일에 뒤져 있었거든요. 조지 3세는 새 행성의 이름을 지을 때 영국인이 발견했다는 것을 누구나 알 수 있게 지으라고 명령했어요. 곧 일곱 번째 행성은

조지 3세

'허셜'이라고 불렸죠. 허셜은 조지 3세의 이름을 이 행성에 붙이자고 왕에게 편지를 썼어요. 조지 3세가 영국의 왕임을 모르는 사람이 없으니 이 이름처럼 좋은 것이 어디 있겠어요?

하지만 독일 사람들의 생각은 달랐어요. 독일 사람들은 새 행성을 천왕성이라고 부르기로 약속하고 이미 그렇게 부르고 있었지요. 왜 그랬을까요?

서양에서는 목성, 토성, 천왕성을 각각 '주피터' '새턴' '유러너스'라고 하는데, 모두 그리스·로마 신화에 나오는 신들이죠. 관계를 살펴보면 유러너스는 새턴의 아버지이고, 새턴은 주피터의 아버지예요. 결국 목성은 토성의 아들이고, 토성은 천왕성의 아들이 되는 것이죠. 이름으로만 친다면 말이에요.

이렇게 일곱 번째 행성은 80년 동안이나 딱 정해진 이름 없이 나라마다 다른 이름으로 불렸어요. 그러다 1850년 '천왕성'이라는 이름을 정식으로 붙여 주었죠.

지금은 아니지만 조지 3세는 살아 있는 동안 자신의 이름이 붙은 행성을 보며 즐거워했을 거예요. 하지만 '조지 왕의 별'보다는 천왕성이 낫죠?

해왕성, 너마저?
해왕성 이야기

1781년 허셜이 천왕성을 발견하자 천문학자들은 자존심이 몹시 상했어요. 허셜은 천문학자가 아니라 음악가였기 때문이죠. 그로부터 65년이 지난 1846년, 천문학자들은 또 한 번 기가 꺾이고 말았어요. 여덟 번째 행성인 해왕성을 찾아낸 사람 역시 천문학자가 아닌 수학자들이었거든요.

1843년, 영국에 존 카우치 애덤스(1819~92)라는 젊은 수학자가 살고 있었어요. 이제 막 대학을 졸업할 참이었던 애덤스는 천왕성의 궤도가 좀 이상하다는 것을 알게 되었어요. 천왕성이 계산한 대로 움직이지 않고 조금씩 비틀거리고 있었던 거예요. 호기심 많고 상상력이 풍부했던 애덤스는 여러 가지 생각을 하며 이 사실을 해석하려고 노력했어요. 애덤스는 2년 동안 열심히 궁리한 끝에 천왕성보다 먼 곳에 행성이 하나 더 있다는 결론을 얻게 되었어요. 그 행성이 천왕성을 끌어당기기 때문

존 카우치 애덤스 **조지 비들 에어리** **위르뱅 르베리에**

에 천왕성이 비틀거린다고 생각한 거죠.

 애덤스는 이런 생각을 편지에 써서 왕실 천문학자 조지 비들 에어리(1801~92)에게 보냈어요. 하지만 에어리는 애덤스가 쓴 편지를 대수롭지 않게 생각했어요. 에어리는 천문학자도 아닌 애송이가 이상한 말을 한다고 여기고 편지를 봉투째 서랍 속에 쑤셔 넣고 말았어요. 애덤스의 생각은 그대로 서랍 속에서 사라질 판이었죠.

 그런데 그와 비슷한 때에 천왕성의 궤도가 이상하다는 사실을 안 사람이 또 있었어요. 바로 프랑스의 수학자 위르뱅 르베리에(1811~77)였지요. 르베리에 역시 천왕성이 이상하게 흔들리는 것은 우리가 모르는 다른 행성 때문이라고 생각했어요. 르베리에는 이런 사실을 논문으로 써서 학회에 발표했어요.

요한 고트프리트 갈레

르베리에는 자신이 계산한 결과를 확인하고 싶어서 견딜 수가 없었어요. 하지만 르베리에는 망원경도 없었고 천체를 관측하는 방법도 몰랐어요. 좋은 방법이 없을까 궁리하던 르베리에는 독일의 천문학자인 요한 고트프리트 갈레(1812~1910)에게 새로운 행성을 찾아 달라고 부탁했어요. 부탁을 받은 갈레는 물병자리를 열심히 관측하기 시작했지요. 그러자 정말로 별자리 지도에는 나오지 않은 아주 어두운 별이 하나 있는 게 아니겠어요? 그 어두운 별은 르베리에와 애덤스가 예상했던 그 자리에 있었어요. 그것이 새로운 행성이라는 것은 의심할 수 없는 사실이었죠.

애덤스와 르베리에는 한 번도 만난 적이 없었어요. 각각 다른 나라에서 계산을 통해 새로운 행성을 찾아낸 거죠. 나중에는 만나서 친한 친구가 되었지만 말이에요. 새 행성을 찾아낸 공은 두 사람에게 공평하게 돌아갔어요.

사람들은 이 행성에 해왕성(海王星)이라는 이름을 붙여 주었어요. 행성이 온통 푸른색으로 보여 바다를 연상시켰기 때문이죠.

한편 애덤스가 다니던 케임브리지대학천문대에 근무하던 천문학자들과 왕실 천문학자 에어리는 마음이 몹시 불편했어요. 애덤스의 말에

바다를 연상시키는 해왕성

진작 귀를 기울였더라면 새 행성을 찾는 영광을 누릴 수도 있었는데, 여간 안타까운 일이 아니었지요. 게다가 일곱 번째 행성에 이어 여덟 번째 행성까지 천문학자가 아닌 사람들이 찾은 꼴이 되었으니 체면이 말이 아니었어요. 영국 천문학자들은 그래도 해왕성을 발견한 공로자 가운데 영국인이 끼어 있으니 불행 중 다행이라고 생각했어요.

해왕성이 발견되자 지구인들이 알던 태양계의 크기는 더욱 커졌어요.

그리고 1846년에 발견된 해왕성이 갈레가 처음 이 행성을 발견했던 그 자리로 돌아오는 때는 2011년이에요. 공전하는 데 165년이나 걸리거든요. 아무리 오래 사는 지구인이라고 해도 해왕성에서는 한 살도 못 살아요.

넌 이제 행성이 아니야
명왕성 이야기

달이 좀 더 높이 뜨자, 민지 아빠는 관측을 잠시 멈추고 연구동으로 내려왔어요. 이불 속에서 이런저런 이야기를 듣던 아이들은 모두 잠자리에 든 다음이었어요. 벌써 시간이 새벽 세 시 가까이 되었거든요.

달이 뜨면 하늘이 밝아지기 때문에 별을 관측하기가 어려워요. 어두운 별들은 달빛 때문에 모습을 감추고 말죠. 하지만 천문학자들 가운데는 일부러 달이 뜨는 날을 기다리는 사람도 있어요. 바로 '성식'을 보기 위해서지요. 달이 행성을 가리는 모습을 보는 거예요.

달이 행성을 가리다니 이게 무슨 소리일까요? 달과 별은 모두 똑같이 동쪽에서 떠서 서쪽으로 지는 게 아니었나요? 사실은 그렇지 않아요. 멀리 떨어져 있는 별은 거의 움직이지 않는 것처럼 보여요. 하지만 별보다 가까이 있는 토성, 목성, 화성 같은 행성은 날마다 위치가 조금씩 바뀌죠. 며칠 동안 이 행성들을 관측해서 별자리 지도에 그 위치를

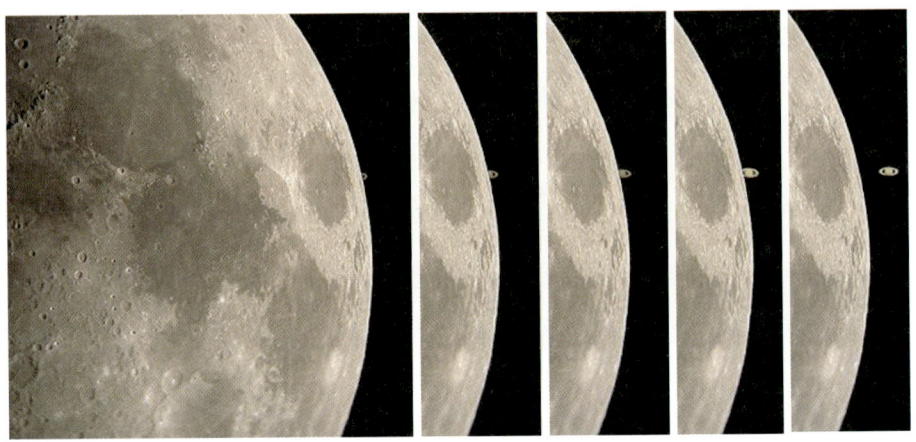

토성식 토성보다 달이 더 빨리 움직인다.

점으로 찍어 보면 행성들은 별자리 사이를 유유히 지나다니는 것처럼 보여요. 행성보다 지구에 가까운 달은 별 사이를 더 많이 움직이지요. 우리는 전혀 느끼지 못하지만 하늘에 있는 별과 행성과 달은 제각각 다른 빠르기로 하늘을 누비고 있답니다.

그러다 보니 달이 토성을 따라잡아, 마치 달이 토성을 꿀꺽 삼키는 것처럼 보이는 토성식이 일어나는 거예요. 이렇게 가끔 달은 아주 밝은 별을 따라잡기도 하는데 이때 성식이 일어났다고 하죠.

성식을 잘 관측하면 별이나 행성의 크기를 알 수 있어요. 그래서 성식이 중요해요. 만약 모든 별이 같은 거리에 있다고 친다면 달이 큰 별을 가리는 데는 시간이 오래 걸릴 것이고 작은 별을 가리는 데는 시간이 얼마 걸리지 않을 거예요. 원리가 간단하죠? 물론 진짜로 계산하려면 아주 어렵지만 말이에요. 지구를 한 발자국도 벗어날 수 없는 인간들은 모든 방법을 동원해서 우주를 알아 가려고 애를 써요. 성식을 이용해서 별의 크기를 재려는 것도 그런 노력 가운데 하나라고 볼 수 있죠.

자, 이제 민지 아빠가 요즘 하는 일에 대해 이야기해 볼까요? 민지 아빠는 요즘 '지구 근접 천체' 사진을 찍고 있어요. 말이 어렵죠? 한자어라서 그래요. 알기 쉽게 풀이하면, 지구 가까이 다가오는 천체라는 뜻이에요. 지구 근접 천체의 정체는 화성과 목성 사이에 모여 있는 소행성들이에요. 소행성은 얼추 수십만 개가 있는데, 이것 가운데 몇 개가 갑자기 지구 쪽으로 방향을 바꾸어 돌진해 와요. 이런 소행성이 그냥 지구를 지나쳐 가면 아무 문제가 없지만 만약 지구와 충돌하게 되면 지구에는 아주 난리가 나요. 소행성의 지름이 10킬로미터에 이르면 지구에 사는 생물이 멸종할 수도 있죠. 그래서 온 세계 천문학자들이 눈에 불을 켜고 지구 근접 천체를 찾고 있는 거랍니다. 그런데 이런 소행성들은 너무 작고 검은색을 띠고 있기 때문에 찾기가 참 힘들어요. 달이 뜨는 날이라면? 더 찾기 힘들지요.

소행성들은 지구 쪽으로만 날아오는 것이 아니에요. 저 멀리 태양계 밖을 향해 날아가는 것들도 있어요. 명왕성이 바로 그런 소행성이에요. 명왕성은 원래 아홉 개 행성 가운데 하나로 대접받았지만, 천문학자들은 명왕성이 행성이 아닌 소행성일 것이라고 의심해 왔어요. 우선 명왕

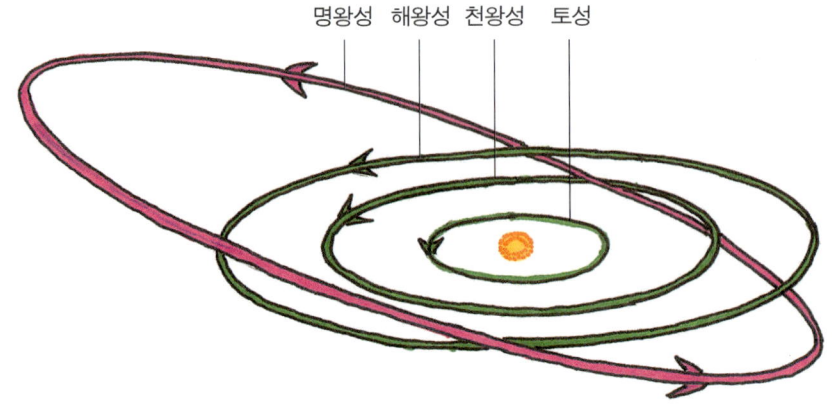

이상하기 짝이 없는 명왕성의 공전궤도 명왕성의 궤도는 다른 행성들보다 17도나 기울어져 있고 길쭉하게 생겼다.

성은 태양계 바깥쪽에 있는 거인족 행성인 목성, 토성, 천왕성, 해왕성과 하나도 비슷하지 않아요. 오히려 태양 가까이 있는 난쟁이족 행성인 수성, 금성, 지구, 화성과 비슷하죠. 크기나 구조 같은 것이 말이에요.

  게다가 명왕성이 태양 둘레를 도는 공전궤도는 이상하기 짝이 없어요. 어떤 때는 천왕성이 돌고 있는 궤도를 가로질러 천왕성보다 태양에 더 가깝게 다가가는 때도 있으니 말이에요. 그리고 공전궤도의 기울기도 다른 행성들과는 많이 달라요. 다른 행성들은 대부분 비슷한 평면에서 태양을 돌고 있어요. 그것은 커다란 가스 원반에서 태양과 다른 행성들이 생겼기 때문이라고 볼 수도 있지요. 하지만 명왕성은 다른 행성이 다니는 평면보다 심하게 기울어진 궤도를 따라 태양을 돌아요. 남들은 모두 편안하게 태양을 도는데 명왕성은 위아래로 힘겹게 태양을 도는 것처럼 보이는 거예요. 어쩌다 그렇게 되었을까요? 앞에서 잠깐 말했던 것처럼 아마도 소행성이었던 명왕성이 태양계 안에서 방황하다 이런 궤도를 돌게 되었을 거예요. 그러나 정확한 이유는 아무도 모른답니다.

명왕성에 대해 오래 관찰한 천문학자들은 2006년 체코 프라하에서 열린 국제천문학연맹(IAU) 총회에서 명왕성을 아홉 개의 행성에서 제외하기로 결정했어요. 이제 명왕성은 행성이 아니라 소행성이라고 불리게 되었어요. 그렇다고 명왕성이 없어진 것은 아니에요. 여전히 그 자리를 돌고 있답니다.

명왕성은 카론이라는 위성을 가지고 있어요. 그런데 이 둘이 얼마나

명왕성(왼쪽)과 카론

친하게 붙어 있는지, 마치 아령처럼 늘 같은 얼굴을 보면서 돌고 있다지 뭐예요. 명왕성에서 보면 카론은 늘 같은 자리에 있어요. 우리 달처럼 뜨고 지는 것이 없지요. 그리고 명왕성의 반대편에서는 카론이 보이지 않는대요. 세상엔 참 이상한 곳도 많아요.

집으로 돌아오는 길

　어느덧 동쪽 하늘이 조금씩 밝아지기 시작했어요. 천문대에 살고 있는 커다란 개 '보현이'는 배가 고픈지 멍멍 짖어 댔어요. 천문대에서 식사 준비를 할 때는 반드시 1인분을 더 준비해야 해요. 바로 보현이 몫이죠.

　아직 해가 보이지 않았지만 해의 끝자락 빛만으로도 많은 별들이 사라져 버렸어요. 1초가 무섭게 별들은 하나하나 사라져 갔어요. 그래도 별이 없어진 것은 아니에요. 별들은 그 자리에 가만히 있어요. 단지 해가 뿜어 대는 빛이 너무 강해서 보이지 않는 것뿐이죠.

　1.8미터 망원경이 들어 있는 돔의 뚜껑이 서서히 닫히기 시작했어요. 이제 망원경이 해야 할 일은 모두 끝났어요. 밤새 하늘에는 구름 한 점 없어 관측을 잘할 수 있었어요. 밤을 꼴딱 새워 몸은 너무 피곤하지만 정말 뿌듯해요. 이제 몇 시간 눈을 붙이고 일어나서 오늘 관측한 자

료를 분석하고 연구하면 비로소 관측이 끝났다고 할 수 있어요.

　사람들은 천문학자를 밤에 별이나 보는 한가한 사람으로 생각하기 쉬워요. 그러나 그것은 오해예요. 천문학자들의 일은 밤이 되기 전에 시작해서 낮이 되어도 끝나지 않는답니다. 밤과 낮을 가리지 않고 일하는 것이 천문학자의 생활이에요. 그래서 천문학자들이 가장 괴로운 때는 관측을 하도록 배정받은 기간 내내 하루도 빠지지 않고 맑을 때예요. 날이 계속 맑으면 한나절도 쉬지 못하고 일해야 하기 때문이죠. 이상하게 들릴지 모르겠지만 천문학자에게도 비 오고 눈 오고 구름 낀 날이 꼭 필요하답니다.

　천문학자는 물리와 수학 실력이 좋아야 해요. 무엇을 왜 관측할지 정하고 관측한 뒤 그 자료를 분석하고 연구하는 모든 과정에 물리와 수학이 꼭 필요하기 때문이에요. 천문학과에 들어온 학생 가운데에는 물리와 수학 실력이 부족해서 도중에 포기하는 경우도 있지요. 천문학을 별과 우주를 생각하는 낭만적인 학문으로 여겼다가는 큰 코 다치는 거죠. 그러니 천문학자가 되고 싶은 사람이라면 물리와 수학 공부를 게을리하지 말아야 해요.

　1.8미터 망원경의 돔이 닫혔다고 천문대가 노는 것은 아니에요. 보현산에는 태양만 관측하는 태양망원경이 있답니다. 해가 뜨면 태양망원경이 일하기 시작해요. 천문학자 가운데에는 태양만 관측하는 사람도 있어요. 태양을 연구하는 천문학자들은 밤에 깨어 있을 필요가 없지요.

태양망원경 망원경이라면 빛을 많이 모으는 것이 목적이지만 태양망원경은 태양에서 오는 빛을 줄이는 것이 중요하다. 안 그러면 모두 타 버릴 테니까.

　태양은 우리가 가장 가까이에서 볼 수 있는 별이에요. 스스로 빛과 열을 내는 커다란 빛 공장이죠. 희미하게 반짝이는 별들은 너무 멀리 있어서 자세히 볼 수 없지만 태양이라면 얼마든지 볼 수 있어요. 빛이 너무나 강렬해서 오히려 가려야 할 정도죠. 보현산천문대의 태양망원경은 태양빛을 잘 가리는 장치라고 해도 지나친 말이 아닐 거예요.

　태양계의 중심 태양, 지구보다 30만 배나 무겁고 100만 배나 큰 태양, 표면 온도는 6,000도, 지구에 살고 있는 모든 생명의 근원이 되어 주는 태양. 태양이 없다면 지구 위에 살고 있는 생물들은 나타날 수도 없었고 지금 이렇게 살아갈 수도 없어요.

　태양은 주로 수소라는 기체로 이루어져 있어요. 수소는 우주가 처음 나타나기 시작했을 때 가장 먼저 생긴 물질이고, 또 가장 많이 있는 물질이기도 하지요. 태양뿐만 아니라 별들은 대부분 수소로 이루어져 있어요.

　태양처럼 엄청나게 많은 수소가 모여 있으면, 중심부에 있는 수소들은 위에 쌓여 있는 수소들에 짓눌려 있게 돼요. 지구에서는 이런 일을 보기 힘들지만 가장 가까운 예로 깊은 바닷속을 들 수 있어요. 바닷속으로 500미터 정도만 들어가도 사방에서 죄어드는 물 때문에 생물들은 살기가 어려워요. 내 머리 위로 높이가 500미터나 되는 물통을 이고 있다고 생각해 보세요. 그런 바닷속을 구경하려면 이만한 물의 무게를 견딜 수 있는 튼튼한 잠수함이 필요하죠. 태양 중심부에 있는 수소가 바로 그런 상태에 있는 거예요.

　태양의 중심에 모여 있는 수소들은 그 위에서 자기들을 누르고 있는 수소들 때문에 서로 아주 가까이 붙어 있게 돼요. 좁은 방에 사람이 가득 찬 것과도 같아요. 그래서 이 수소들은 서로 많이 부딪히게 되죠. 이렇게 수소끼리 부딪히면 수소는 헬륨이라는 새로운 물질이 되면서 빛을 내게 돼요. 그것이 우리가 보는 태양빛이에요.

　무시무시한 핵폭탄의 원리도 이것과 똑같아요. 태양 속에서는 지금도 핵폭탄이 마구 터지고 있다고 생각하면 틀림없어요. 그러니 태양의 수명도 무한한 것은 아니죠. 원료로 쓰고 있는 수소가 다 타서 없어지면 태양도 죽게 되니까요. 물론 여건이 된다면 헬륨이 탈 수도 있겠지만 수소가 탈 때에 비하면 그리 오래가지는 못하죠.

하지만 걱정하지 마세요. 수소가 다 타려면 앞으로 50억 년쯤 더 있어야 한다고 하니까 말이에요. 사실 그때까지 인류가 지구 위에 살아남아 있을지 아무도 자신 있게 답할 수는 없을 거예요. 사람들은 너무 위험한 일을 많이 하거든요.

아침 아홉 시가 되자 일요일 당직을 맡은 다른 아저씨가 오셨어요. 민지네 식구들은 모두 차에 타고 천문대를 뒤로한 채 꼬불꼬불한 산길을 내려갔어요. 어제 올라올 때는 오래 걸리는 것 같았는데 내려가는 길은 금방이었어요.

나뭇잎들이 햇빛을 받아 반짝거리고 있었어요. 바로 그것이 지구 위에 사는 모든 생명의 근원이에요. 먹이사슬의 가장 밑바닥에 있는 것이 식물이잖아요?

지금 이 순간 우리가 보고 있는 햇빛을 목성이나 토성이 받아 보려면 무려 한 시간 가까이 걸려요. 우주는 너무 넓어서 태양계 정도는 점만도 못하다고 하는데, 다른 행성까지 햇빛이 가는 데 몇 시간씩 걸리다니! 그것도 세상에서 가장 빠른 빛이! 우주는 얼마나 넓은 것일까요.

집으로 돌아가는 길에 민지네 식구들은 어제 전시관에서 본 행성들에 대해 이야기를 나누었어요.

기호로 표현해 본 우리가 갈 수 있는 우주(행성) 천문학자들은 행성을 간단한 기호로 표시한다. 그러면 이름을 일일이 쓰지 않아도 되어 편리하다.

분화구마다 베토벤, 모차르트 같은 예술가의 이름을 붙여 준 수성.
보기에는 가장 밝고 아름답지만 가 보면 무시무시한 금성.
우리가 사는 곳, 가장 이야기할 것이 많은 지구.
지구의 가장 가까운 친구, 달.
우주선을 타고 가려면 1년이나 걸리지만 지구와 가장 닮은 행성인 화성.

몇 개인지도 모르지만 오글오글 모여 다니는, 또는 따로따로 다니는 소행성들.

행성 가운데 가장 큰 맏형, 목성.

아름답게 보이지만 사실은 돌투성이 목걸이를 걸고 있는 토성.

무슨 까닭인지 거의 누워서 자전을 하며 힘겹게 다니는 천왕성.

푸른빛 행성은 지구만이 아니라는 것을 보여 준 해왕성.

행성인 줄 알았는데 소행성으로 판정 난 명왕성.

모두 태양계 안에 있는 천체들이에요. 사람들은 먼 곳에 있는 별을 보며 큰 우주에 대해 이야기하곤 하지요. 하지만 우리는 이 태양계에 대해서 아직 모르는 것이 너무 많아요.

작은 우주선이 태양계를 빠져나가는 데 거의 30년이 걸렸어요. 그래도 사람이 그동안 살아남을 수만 있다면 태양계는 다 볼 수 있을 거예요. 하지만 그보다 먼 곳에 있는 별들은? 그 작은 우주선을 타고 가려면 수만 년이 걸려요.

우주는 우리가 갈 수 있는 우주와 우리가 갈 수 없는 우주로 나뉘어 있는 것 같아요. 그러고 보니 갈 수 없기 때문에 사람들은 더욱 먼 우주에 대해 이야기하는 것이 아닐까요?

태양계 식구들 정보

행성 이름	태양까지의 거리	위성 수	1년 길이	하루 길이	지름
수성	5,790만km	0	88일	58.7일	4,878km
금성	1억 820만km	0	224.7일	243일	1만 2,104km
지구	1억 5,000만km	1	365.3일	24시간	1만 2,756km
화성	2억 2,790만km	2	687일	24.6시간	6,794km
목성	7억 7,830만km	63	11.9년	10시간	14만 2,984km
토성	14억 2,940만km	60	29.5년	10.7시간	12만 536km
천왕성	28억 7,100만km	27	84년	17시간	5만 1,118km
해왕성	45억 430만km	13	164.8년	16시간	4만 9,528km

2부
우리가 갈 수 있는 우주

가리면 볼 수 있다?
일식 이야기

    1500년 무렵, 지금의 자메이카에 도착한 콜럼버스는 원주민들에게 며칠 뒤 달이 붉게 물들 것이라고 예언을 했어요. 그리고 정말 콜럼버스가 말한 날에 달이 붉게 물들자, 원주민인 인디언들은 콜럼버스가 하늘이 보낸 신성한 사람이라고 생각하게 되었어요.

    그러나 사실 달이 붉게 물든 것은 월식 현상이었고, 콜럼버스는 월식이 일어날 것을 미리 알고 있었을 뿐이에요. 콜럼버스와 뱃사람들은 인디언들이 월식을 모르는 것을 이용해 신처럼 굴며 그들을 마구 괴롭혔어요. 만약 인디언들이 월식이 왜 일어나는지 알고 있었다면 콜럼버스에게 속는 일은 없었을 거예요.

    그럼 먼저 우리도 속는 일이 없도록 '식'에 대해 알아볼까요? '식'은 '천체가 가려지는 현상'이에요. 달이 태양을 가리면 '일식', 지구의 그림자가 달을 가리면 '월식', 달이 별을 가리면 '성식', 앞에 앉은 친구의

일식 해를 가린 검은 원은 바로 달이다. 달 둘레에 허옇게 보이는 것은 태양에서 나오는 코로나이다.

머리가 선생님을 가리면 '선생님식'(?), 대강 이렇게 되는 거예요. 이제 어떤 일에 '식'이라는 말을 쓰는지 알겠죠?

달이 태양을 가리는 현상을 일식이라고 하는데, 일식은 태양을 한 입 베어 먹은 듯 부분만 가리는 부분일식과 태양을 전부 가리는 개기일식으로 나뉘어요. 그런데 사람들은 부분일식보다 개기일식에 관심이 많

2부 우리가 갈 수 있는 우주 **85**

피에르 쥘 세자르 장센

지요. 볼거리가 더 많기 때문이에요.

개기일식이 일어나기 시작하면 세상이 조금씩 어두워져요. 어떤 도시에서는 일식이 시작되어 세상이 어두워지자 '자동 빛 감지' 장치가 되어 있는 가로등이 켜지기도 했어요. 가로등이 밤이 되었다고 착각을 한 것이죠. 또 태양빛을 모두 받지 못하기 때문에 온도가 내려가서 으슬으슬 추워지기 시작해요. 그리고 달이 태양을 모두 가리면, 까만 달 둘레에서 파랗게 빛나는 코로나를 볼 수 있어요. 이 코로나는 태양에서 나오는 것인데, 빛이 너무 강해서 평소에는 보기 힘든 것이에요.

1868년 프랑스의 천문학자 피에르 쥘 세자르 장센(1824~1907)은 코로나를 특수한 카메라로 찍어서 태양의 구성 원소를 알아냈어요. 이때 알아낸 것이 '헬륨'이라는 물질인데, 이 말은 그리스어로 태양이라는 뜻이에요. 아무도 몰랐던 헬륨을 발견한 장센은 태양에 대해 더 많은 사실을 알아내기 위해 2년 뒤에 아프리카에서 있을 일식을 보러 가기로 결심했어요.

그러나 당시 프랑스는 지금의 독일쯤에 있었던 프로이센과 전쟁을 하고 있었고, 장센이 살고 있던 파리는 프로이센 군사들에게 포위되어 파리 밖으로는 한 발자국도 나갈 수 없었지요. 장센은 고민 끝에 수소

알버트 아인슈타인

기구를 타고 하늘을 날아 탈출했어요. 하지만 고생 고생 해서 아프리카로 날아온 장센은 불행하게도 코로나를 못 보았어요. 달이 태양을 완전히 가리는 순간, 먹구름이 몰려와 아무것도 볼 수 없었던 거예요. 정말 안타까운 일이었죠.

태양을 연구하는 천문학자라면 누구나 개기일식이 일어나는 곳으로 가려고 애를 썼어요. 무슨 수를 써서라도 꼭 가고야 말죠. 코로나를 볼 수 있는 기회는 1년 가야 한 번, 그것도 단 몇 분에 불과하고, 어떤 해에는 개기일식이 한 번도 안 일어날 수도 있거든요.

1919년에 일어난 일식은 물리학자 알버트 아인슈타인(1879~1955)을 더욱 유명하게 만들었어요. 아인슈타인은 빛은 무거운 천체 옆을 지나갈 때 휜다고 말한 적이 있었거든요. 그런데 일식이 일어나자 그 시간에 태양 바로 옆에서 보이던 별의 위치가 변한 것처럼 보인 거예요. 그 별의 빛이 똑바로 오지 않았기 때문에 위치가 달라 보인 것이지요. 별빛이 태양 때문에 휘었던 거예요.

별빛이 태양 근처를 지나올 때, 별의 위치는 항상 달라 보이지만 태양이 밝아 늘 그것을 볼 수 없었어요. 그러나 그 밝은 햇빛이 가려지자 태양 바로 옆에 있는 별을 볼 수 있게 된 것이죠. 이 일이 있은 다음 아

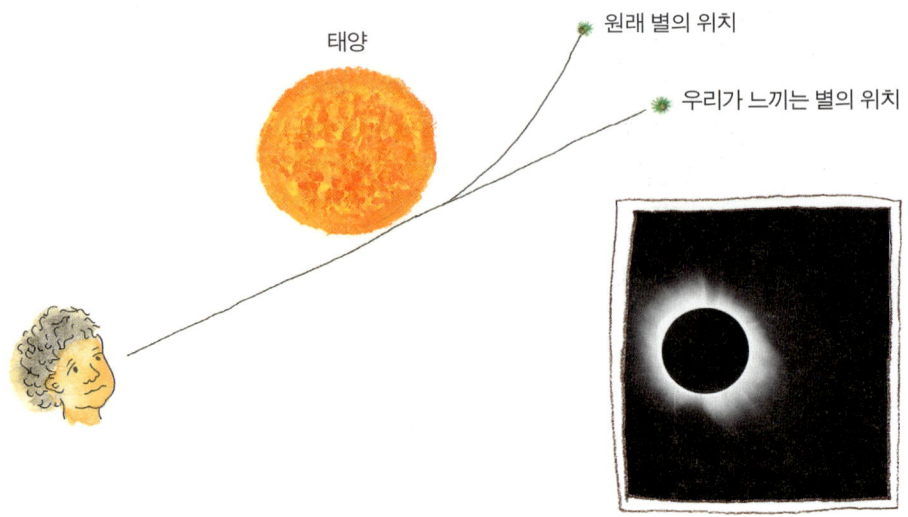

태양의 중력 때문에 별빛이 휜다 오른쪽 사진은 1919년 5월 29일에 일어난 일식 사진으로, 빛이 휜다는 아인슈타인의 이론을 증명한 1920년 논문에 실렸다.

인슈타인의 상대성이론은 모든 사람들에게 인정받기 시작했어요.

아마 과학 교과서에서 투명한 물컵에 넣은 젓가락이 휘어 보이는 사진을 본 적이 있을 거예요. 마치 그것처럼 우리는 그동안 별의 위치를 잘못 알고 있었던 거예요. 빛이 똑바로 가지 않는다면 아무도 물건의 진짜 모습을 알 수 없어요.

1999년, 여행사들은 너도나도 '일식과 함께 휴가를 터키에서'라는 제목으로 관광 상품을 내놓았어요. 전 세계 사람들이 20세기 마지막 개기일식을 보기 위해 터키로 몰려들었죠. 날씨가 좋아 일식을 본 것은 좋았는데, 며칠 뒤 터키에서 큰 지진이 나서 사람들이 죽고 집들이 무너졌어요. 옛날 사람들은 일식을 흡혈귀가 태양을 무는 것으로 생각하기도 하고, 죽음의 신이 태양의 신을 태운 배를 삼켜서 일어나는 거라고 믿기도 했어요. 좋지 않게 생각한 것이죠. 터키에서 일어난 일식과 지진은 아무런 관련이 없는 것이 확실해요. 하지만 이런 옛이야기를 믿는 사람들은 지진이 일식 때문에 일어났다고 생각하기도 하겠죠?

2009년에는 우리나라에서도 일식을 볼 수 있었어요. 완전한 개기일식은 아니었지만 태양이 거의 다 가려지는 일식이었죠. 해가 가려지면 세상이 회색빛으로 변한다는 사실을 알 수 있는 좋은 기회였지만 학생들은 대부분 이 일식을 보지 못했어요. 수업 중이었기 때문이죠. 수업도 중요하지만 드물게 벌어지는 우주 쇼를 다 같이 관람하는 것도 큰 공부가 아닐까요? 다음에 우리나라에서 일식이 벌어지면 꼭 다 같이 보는 것이 좋겠어요.

모두 일식을 보는 것은 좋은데, 만약 맨눈으로 본다면 다시는 일식을 보지 못할 거예요. 눈이 타 버리고 말 테니까요. 정말 큰일이죠. 아무리 태양이 달에 가려지고 있다 해도 다 가려지기 전에 맨눈으로 봐서는 안 돼요. 빛을 많이 가려 주는 선글라스를 쓰든지, 그을음을 묻힌 유리를 대고 봐야 해요.

아 참, 2035년에는 평양에서 개기일식이 일어난대요. 어서 통일이 되어서 평양에서 다 같이 일식을 볼 수 있으면 좋겠어요.

2006년에 이집트에서 촬영된 개기일식 사진

이 모든 일은 혜성 때문에 일어났다
혜성 이야기

1997년 3월 미국에서는 '천국의 문'이라는 종교 단체의 신도 서른아홉 명이 검은색 옷을 똑같이 입고 한꺼번에 목숨을 끊은 일이 일어났어요. 이 사람들은 그 무렵 지구 근처를 지나가고 있던 헤일-밥 혜성에 자기들을 천국으로 데려다 줄 외계인들이 타고 있으며, 이 외계인들을 만날 방법은 오직 '죽는 것'뿐이라고 생각했죠. 그러나 이들 가운데 혜성을 타고 천국으로 간 사람은 한 명도 없었어요. 그것은 있을 수 없는 일이었거든요. 혜성은 천국으로 가는 우주선이 아니라 돌과 먼지가 섞인 얼음 조각이니까요.

명왕성보다 더 먼 태양계 가장자리에는 행성이나 별이 되지 못한 채 둥실둥실 떠다니는 돌 조각들이 널려 있어요. 태양계를 빙 두르고 있는 이런 조각들을 '오르트 구름'이라고 해요. 이 돌 조각들은 여러 가지 이유로 태양을 향해 달려오게 되는데, 이것이 바로 혜성이에요. 오르트

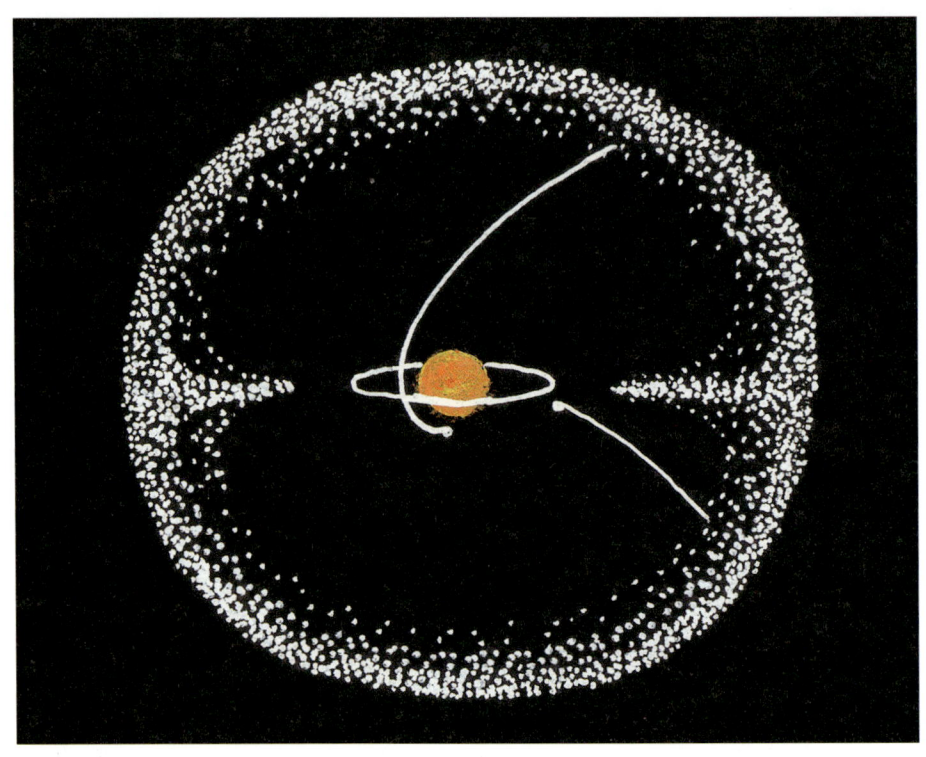

명왕성의 궤도와 오르트 구름 태양계는 오르트 구름 안에 있다. 혜성은 행성의 공전궤도와 같은 면뿐 아니라 위아래 아무 데서나 온다.

구름은 혜성들의 고향인 셈이죠.

그런데 '천국의 문' 신도들이 외계인이 혜성을 타고 올 것이라고 믿은 이유가 뭔지 아세요? 바로 혜성이 태양계의 가장 먼 곳에서 우리에게 오기 때문이었어요.

'천국의 문' 신도들은 왜 이런 말도 안 되는 생각을 했을까요? 그건

자기들이 죽으면 한 단계 더 진화한 생명체가 된다고 믿었기 때문이래요. 그리고 이 사람들이 생각한 천국에는 이렇게 진화한 생명체만이 갈 수 있다나요.

나중에 알려진 사실인데, 이 신도들은 모두 컴퓨터와 관련된 일을 하는 전문직 종사자들이었대요. 그런 현대적인 직업을 가진 사람들이 몇 천 년 전에나 있었을 법한 미신을 믿고 그대로 행동했다는 건 정말 이해할 수 없는 일이에요. 그래서 사람의 마음을 연구하는 심리학자들은 이렇게 생각했어요. 너무나 바쁘게 사느라 삶의 의미에 대해 생각할 시간이 없는 현대인들이 현실로부터 도망가고 싶은 생각이 생겨서 이렇게까지 되었다고요.

다시 혜성 이야기를 해 볼까요. 혜성을 잘 연구하면, 어떤 환경에서 태양과 행성들이 생기게 되었는지를 알 수가 있어요. 혜성은 태양이나 지구의 일부가 되지는 못했지만 옛날의 모습을 그대로 간직한 채 남아 있는 조각들이기 때문이죠.

그러나 혜성이 지니고 있는 이런 과학적인 가치는 지구에서 벌어지는 여러 가지 일들과 연결되어 그동안 제대로 빛을 보지 못했어요. 게다가 혜성은 오랫동안 '재수 없는 별'로 억울한 누명까지 쓰고 있었지요. 13세기 몽골에 살았던 칭기즈칸은 혜성을 보고 모든 땅을 정복하라는 하늘의 뜻이 내려왔다고 믿었어요. 그래서 몽골 군대를 이끌고 남의 나라 땅을 돌며 무자비하게 사람들을 죽였죠. 몽골인들은 이것이 하

옛날 사람들이 본 혜성 1577년에 나타난 커다란 혜성. 혜성은 궁수자리와 토성 사이를 지나가고 있다. 사진기가 없던 때여서 화가가 혜성을 그리고 있다.

늘의 뜻이라고 생각해서 아무런 죄의식도 느끼지 않았어요. 반대로 죽은 사람들 쪽에서는 혜성이 나타나 나쁜 일을 당한다고 생각했지요.

그러나 남을 죽이고 다른 사람들이 살던 땅을 빼앗는 것은 혜성하고는 아무런 상관이 없어요. 사람들이 자기가 하고 싶은 일이 올바르지 않거나 그것을 하면 남에게 피해를 주어 큰 도덕적인 책임이 따를 때

에드먼드 핼리

하늘의 뜻이니 어쩔 수 없다고 핑계를 대는 데 혜성을 이용했을 뿐이지요.

혜성에 대해 과학적으로 설명할 수 없었던 시대에 산 사람들은 지배자들의 이런 말을 철석같이 믿었어요. 그리고 왕이 죽거나 전염병이 나라에 퍼지는 것과 같이 설명하기 힘든 나쁜 일이 일어나면 모조리 혜성의 탓으로 돌렸지요. 혜성이 있든 없든 나쁜 일들은 생기기 마련인데 말이에요. 그런데도 혜성을 나쁜 징조로 본 것은 아마 혜성이 눈에 잘 띄기 때문인지도 몰라요.

1682년, 영국 사람 에드먼드 핼리(1656~1742)는 바로 그해에 찾아온 혜성이 76년 뒤에 다시 올 것이라는 예언을 했어요. 1758년 크리스마스 무렵 핼리의 말대로 혜성이 다시 돌아왔는데, 이것이 그 유명한 핼리 혜성이에요. 1758년이 끝나기 며칠 전에 찾아온 핼리 혜성은 다음 해인 1759년 3월까지 볼 수 있었어요.

1759년에 핼리 혜성은 우리 조상들의 눈에도 띄어 귀한 기록으로 남게 되었어요. 조선 사람들은 혜성을 요사스러운 별이라는 뜻으로 '요성'이라고 불렀어요. 좋지 않게 생각한 것이죠. 그래서 나라에서는 '요성'이 나타나면 매우 신중하게 관측을 했어요. 영조 35년(1759)에 핼리 혜성이 나타나자, 천문 관측을 맡았던 '관상감'의 천문학자들은 29일

동안 맨눈으로 관측을 했어요. 그리고 그 결과를 『성변측후단자』라는 책으로 엮었지요. 이 책은 모두 여덟 권으로 이루어져 있었는데, 지금은 겨우 세 권만이 남아 귀중한 자료로 쓰이고 있어요.

한편 같은 해에 유럽에서는 한 농부가 핼리가 한 말이 맞는지 확인하려고 열심히 하늘을 살피다, 다시 지구를 찾아온 핼리 혜성을 가장 먼저 찾는 인물이 되었어요. 다른 천문학자들도 망원경으로 이 혜성을 관측했어요. 서양에서는 1610년 무렵에 망원경이 발명되어 있었기 때문에 혜성을 좀 더 자세히 볼 수 있었죠.

1910년에는 지구가 핼리 혜성의 꼬리에 들어가기도 했어요. 이 일이 있기 전, 사람들은 큰 재앙이 올 것이라 믿고 대피호를 만들고 먹을 것을 미리 챙겼어요. 그리고 어떤 사람은 불안을 참지 못해 스스로 목숨을 끊기까지 했어요. 약삭빠른 어느 보험회사에서는 '혜성 보험'이라는 상품을 내놓기까지 했고요. 혜성이 내뿜는 가스 때문에 죽으면 보험금을 많이 준다고 요란하게 광고도 하면서 말이에요. 그리고 어느 제약 회사에서는 나쁜 가스로부터 건강을 지켜 준다는 '혜성 알약'도 만들어 팔았는데, 없어서 못 팔 정도로 많이 팔렸대요. 그 성분이 무엇이었는지 정말 궁금해요.

그러나 요란하게 떠들던 것과는 달리 아무 일도 일어나지 않았어요. 대신 하늘을 반으로 가로지르는 멋진 혜성의 꼬리를 볼 수 있었죠.

그러나 보기에는 멋진 이 꼬리 때문에 혜성은 시간이 지날수록 점점

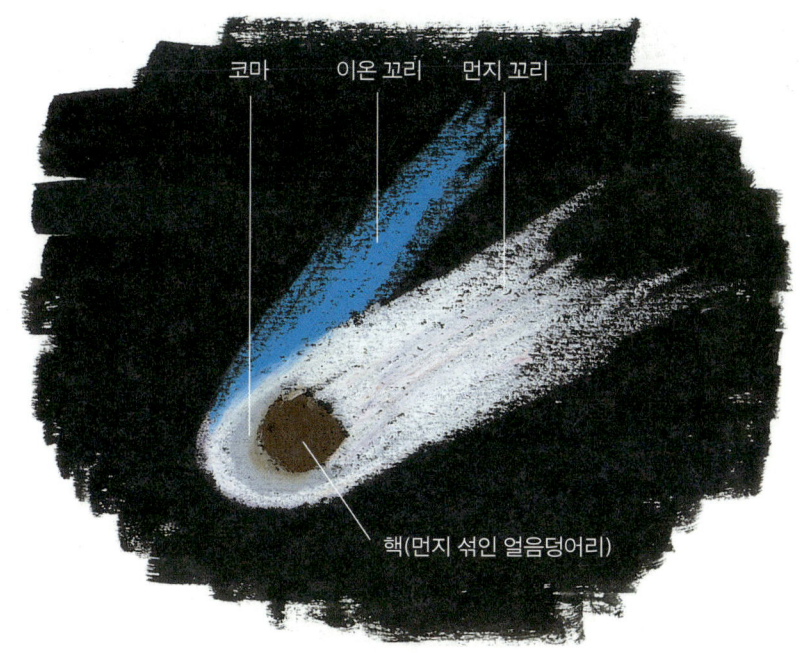

혜성의 구조 혜성은 두개의 꼬리를 갖고 있다.

작아져요. 혜성의 얼음덩어리들은 태양 가까이 오면 수증기로 변하거든요. 이 수증기 때문에 태양 반대 방향으로 긴 꼬리가 생기는 거예요. 혜성은 자기 몸을 녹여서 꼬리를 만드는 셈이에요. 그러니 태양 가까이 올 때마다 혜성은 자꾸 작아질 수밖에 없지요. 그러다 얼음이 없어지면 마침내 우리가 볼 수 없게 돼요.

 1986년에 다시 찾아온 핼리 혜성은 지구인들에게 큰 실망을 안겨 주

핼리 혜성을 찍은 최초의 사진(1910)

었어요. 너무 어두워서 망원경으로 보아야 겨우 꼬리가 조금 보일 정도였거든요. 혜성이 나타나는 몇 달을 위해 여러 가지 행사를 준비했던 사람들은 손해를 볼 수밖에 없었죠.

꼬리가 거의 보이지 않았던 핼리 혜성은 아무런 흥미를 끌지 못했어요. 멋이 없었거든요. 꼬리가 없어진 혜성은 돌덩어리만 남아 계속 돌아다녀요. 지구는 꼬리 달린 혜성들과 꼬리가 없어져 버린 혜성들 그리고 이리저리 날뛰는 소행성들 사이를 운 좋게 피하며 태양을 돌고 있어요.

혜성의 이름은 발견한 사람의 이름을 붙이기로 되어 있어요. 가장 먼저 발견한 사람이 임자가 되는 거예요. 그런데 어떤 때에는 여러 사람

헤일-밥 혜성 1995년 헤일과 밥에 의해 발견된 혜성. 이온 꼬리와 먼지 꼬리가 모두 잘 발달되어 있다.

이 동시에 같은 혜성을 발견하는 경우도 있어요. 그럴 때는 발견한 사람들의 이름을 모두 붙여 주기도 하지요. 앨런 헤일과 토마스 밥이 발견한 헤일-밥 혜성처럼요. 이 두 사람은 전혀 모르는 사이였어요. 여러 조각으로 깨져서 줄줄이 목성으로 달려들어 이제는 볼 수 없는 슈메이커-레비 혜성의 경우도 마찬가지예요. 그중에 유진 멀 슈메이커(1928~97)는 혜성을 여덟 개나 발견한 사람이지요. 아, 그리고 20세기 들어 가장 밝았던 이케야-세키 혜성도 있네요. 그런데 이름이 좀 이상하죠?

여러분도 열심히 혜성을 찾아보세요. 혹시 운이 좋아 발견하게 되면 영화 「딥 임팩트」에 나오는 열 살짜리 소년처럼 혜성에 자기 이름이 붙

유진 멀 슈메이커

을 테니까요.

이야기가 나왔으니 말인데, 영화 「딥 임팩트」에서는 혜성이 아예 지구를 향해 달려들죠. 지구가 혜성과 부딪히면 지구에 있는 생물은 거의 살아남지 못해요. 그래서 지구인들은 땅속 깊숙이 대피소를 만들고, 그 속에 들어갈 사람 만 명을 추첨을 통해 뽑아요. 뽑히면 복권이 당첨된 것보다 더 기쁘겠죠? 다른 사람들은 다 죽어도 대피소의 사람들은 살아남아서 나중에 다시 땅 위로 올라와 지구 문명을 이어 갈 테니까요.

지구 역사를 살펴보면 정말로 지구가 혜성이나 소행성과 부딪혀 지구에 살고 있던 생물들이 몽땅 바뀐 일이 있었어요. 공룡처럼 말이에요.

마지막으로 하나 더. 소행성인지 혜성인지 확실하지는 않지만 둘 중의 하나가 지구와 부딪혀 공룡이 멸종하기 전, 공룡은 크기가 너무나도 커 이것저것 모두 먹어 치웠고, 수 또한 너무 많아 먹을 것이 부족했다죠? 사는 곳도 비좁고요. 지금 우리 사람들의 모습과 참 많이 닮지 않았나요?

소행성이 달려든다, 지구를 구하라
소행성 이야기

　1770년경 독일의 천문학자 요한 다니엘 티티우스(1729~96)는 참으로 재미있는 사실을 발견했어요. 행성들은 제멋대로 우주에 자리 잡은 것이 아니라 일정한 규칙에 따라 태양으로부터의 거리가 정해져 그 자리에 있게 된 것이라는 거였죠. 하지만 사람들은 그의 이야기에 귀를 기울이지 않았어요. 딱 한 사람 티티우스의 이론에 깊은 관심을 가진 사람이 있었는데, 바로 베를린천문대에서 티티우스의 윗사람이었던 요한 엘레르트 보데(1747~1826)였어요.

　보데는 사람들이 티티우스의 일을 잊어버릴 때쯤이 되어서 티티우스의 이론을 자기가 생각한 것인 양 세상에 발표했어요. 사람들의 관심을 끌기에는 확실히 이름 없는 조수였던 티티우스보다는 베를린천문대 대장인 보데가 훨씬 나았던가 봐요. 보데는 다른 사람의 연구를 가로채는 못된 행동으로 '보데의 법칙'이라는 이론과 함께 뒷날 이름을

요한 다니엘 티티우스   요한 엘레르트 보데   주세페 피아치

남기게 되었어요.

보데의 법칙이 발표된 후 독일의 천문학자들은 모두 약속이나 한 것처럼 열심히 하늘을 뒤지기 시작했어요. 왜 그랬을까요? 보데의 법칙에 따르면, 화성과 목성 사이에 아직 발견되지 않은 행성이 하나 더 있기 때문이었어요. 새로운 행성을 발견하면 모든 사람들의 인정을 받는 이름난 천문학자가 될 수 있죠. 그러니 이것은 놓칠 수 없는 좋은 기회였던 거예요.

그러나 새로운 행성을 찾는 영광은 엉뚱하게도 독일의 천문학자가 아닌 이탈리아의 수도사이자 천문학자였던 주세페 피아치(1746~1826)에게 돌아가고 말았어요.

그런데 화성과 목성 사이에는 행성이 하나만 있는 것이 아니었어요.

고구마처럼 생긴 포보스 오른쪽 아래에 꾹 눌러 놓은 듯 보이는 자국은 다른 소행성과 부딪힌 자국이다. 부딪힌 소행성이 조금만 더 컸더라면 포보스는 산산조각 나서 흩어졌을 것이다.

시간이 갈수록 행성들이 더 많이 발견되었거든요. 게다가 이 행성들은 하나같이 아주 어두웠어요. 천체가 어둡다는 것은 아주 멀리 있거나, 가까이 있어도 아주 작다는 것을 뜻해요. 그런데 화성 정도면 결코 먼 우주는 아니죠. 그렇다면 결론은 하나! 화성과 목성 사이에 있는 행성들은 아주 작으며 수 또한 무척 많다는 것이에요. 그래서 사람들은 이 행성들을 소행성이라고 부르기 시작했어요.

화성의 달인 '데이모스'와 '포보스'도 한때는 소행성이었어요. 못난 감자나 고구마처럼 생긴 소행성들은 작기 때문에 다른 천체에 끌려 가기도 하고 밀려나기도 해요. 데이모스와 포보스는 화성에 끌려 가 화성의 달이 된 거죠. 지구인들은 밤이 되면 복스러운 둥근 달을 볼 수 있지만 화성에서는 울퉁불퉁 감자 같은 달들이 뜨고 지기를 되풀이하죠.

아홉 번째 행성으로 여겨졌던 명왕성도 멀리 튕겨 나간 소행성이에요. 명왕성은 해왕성이나 천왕성 같은 거인족 행성의 특징을 전혀 가지고 있지 않아요. 두꺼운 대기와 바다를 가지고 있지 않죠. 여러 가지 특징이 소행성과 같아요. 공전하는 길 또한 심하게 찌그러져 어떤 때는 해왕성보다 태양에 가까워지는 경우도 있어요.

오늘날 천문학자들이 소행성에 큰 관심을 보이는 것은 자칫하면 소행성이 지구에 큰 위험을 가져올 수 있기 때문이에요. 목성이나 화성의 힘을 이기지 못해 이리저리 튕겨 나가는 작은 소행성들은 언제 어디서 지구를 향해 달려들지 몰라요. 지름이 10킬로미터 정도인 소행성이 지구와 부딪히면 인류가 멸망할 수도 있죠. 이런 소행성들은 작아서 눈에 잘 띄지도 않아요.

지금까지 만 개가 넘는 소행성이 알려졌고, 학자들은 그 가운데 지구에 위협을 줄 만한 작은 소행성이 천 개 정도 있다고 추측해요. 이런 위험한 소행성들을 '아폴로 소행성'이라고 불러요. 태양의 신 아폴로가 불의 전차를 끌고 달려드는 무시무시한 모습이 이 소행성들과 잘 어울리기 때문이죠. 천문학자들은 이런 아폴로 소행성을 찾아내고 감시하기 위해 '지구 근접 천체 감시 기구'라는 것을 만들었어요.

전 세계에 있는 천문대는 매일 밤마다 소행성이 나타나기 쉬운 하늘

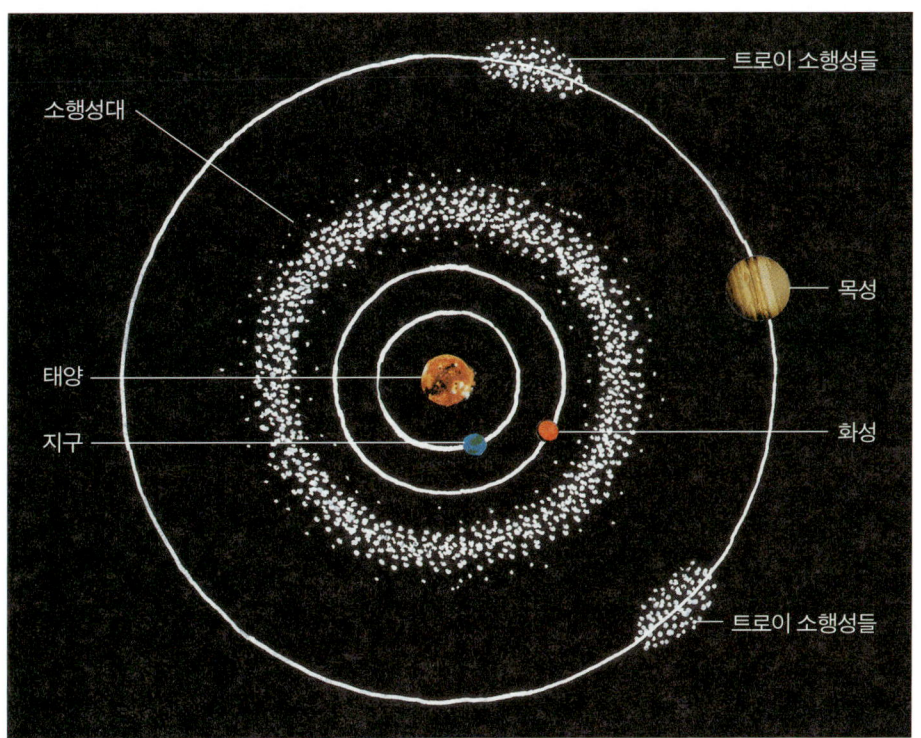

소행성의 위치 소행성은 궤도를 돌고 있는 것도 있지만 아무 데로나 튕겨 나가는 것들도 있다. 이런 소행성들은 어느 날 갑자기 지구 근처에 나타나 천문학자들을 불안에 떨게 하다가 갑자기 사라지기도 한다.

을 사진으로 찍어 지구를 위협하는 천체가 없나 살피고 있죠. 우리나라는 '보현산천문대'에서 이 일을 하고 있어요. 소행성들은 어느 날 갑자기 지구 근처에 나타나 천문학자들을 불안에 떨게 하다가 갑자기 사라지기도 해요. 어떤 것은 잘 있다가도 마치 아이들이 '무궁화 꽃이 피었습니다' 놀이를 하는 것처럼 슬그머니 지구를 향해 다가오기도 하지요.

만약 어떤 소행성이 지금 지구로 날아오고 있다면 어떻게 지구를 구할까요? 그 답은 「아마겟돈」이라는 영화에서 찾을 수 있어요. 지구와 부딪히기 전에 소행성을 잘게 쪼개어 피해를 줄이는 거예요. 그러나 어떤 천문학자들은 이렇게 소행성을 쪼개면 그 파편이 지구에 또 다른 나쁜 영향을 미칠 수도 있다고 이야기해요. 좀 더 안전하고 좋은 방법은 소행성이 가는 길을 조금 바꿔서 지구를 스쳐 가게 만드는 것이에요. 어떤 방법을 쓰든 그거야 과학자들이 알아서 할 문제지만 말이에요.

마지막으로 티티우스 이야기를 좀 더 해 볼까요? 시간이 꽤 지난 뒤 천문학자들은 티티우스의 억울함을 알게 되었어요. 그러나 보데가 아니었으면 그 법칙은 알려지기 힘들었다고 생각한 천문학자들은 '보데-티티우스 법칙'이라는 긴 이름을 붙여 주었지요. 그런데 이름이 너무 길어 쓰기 불편해서인지 아직도 사람들은 '보데의 법칙'이라는 말을 더 많이 써요. 역사가 모든 것을 항상 옳게 평가해 주지는 않는다고 생각하니, 어쩐지 우울해지는군요.

유성 보러 가는 데 침낭이 필요한 이유
유성 이야기

　1998년 11월 17일 밤, 유성우를 보려고 보현산으로 모여든 사람은 줄잡아 200명 가까이 되었어요. 그런데 그 많은 사람들이 준비해 온 것이라고는 컵라면이 전부였지요. 밤새도록 목을 쳐들고 유성을 본 사람들은 다음 날 목뒤와 어깨가 아파 파스를 사다 붙였죠. 그리고 그날 저녁 뉴스에 사자자리 유성우 덕에 백화점에 망원경을 사는 사람이 부쩍 늘었다는 보도가 나왔어요. 기자는 유성우를 보는 데는 망원경이 필요 없다는 말을 하며 화면에서 사라졌지요.

　망원경으로 하늘을 보면 더 자세히 볼 수는 있지만, 반대로 아주 좁은 구역밖에 볼 수가 없어요. 세상 모든 일이 그렇듯이 얻는 것이 있으면 잃는 것이 있다고나 할까요? 넓은 곳을 보는 데는 굳이 큰 망원경이 필요 없어요. 유성우처럼 온 하늘을 다 봐야 할 필요가 있을 때는 더더욱 망원경이 필요 없지요. 그렇다고 유성우를 보러 갈 때 아무것도 안

사자자리 유성우 유성들이 마치 사자자리에서 떨어지는 것 같다. 그래서 '사자자리 유성우'라고 부른다. 사진은 2001년 11월 19일 보현산천문대에서 찍은 것이다.

가져가면 파스를 사다 붙여야 할 일이 생기고 말죠. 그럼 유성우를 볼 때 가장 필요한 장비는 무엇일까요?

바로 침낭이에요. 유성은 온 하늘에서 떨어지기 때문에 하늘을 전부 봐야 해요. 힘들이지 않고 온 하늘을 보는 가장 좋은 방법은 누워서 보는 것이지요. 사자자리 유성우가 떨어지는 11월은 추우니까 그냥 누울 수는 없고 따뜻한 침낭 속에 들어가 누우면 춥지도 않고 유성도 잘 볼 수 있을 거예요. 여름에 유성우를 보려면 그냥 돗자리만 준비해도 돼요.

천문학자들은 이렇게 누워서 유성을 세요. 네 명이 동서남북으로 머리를 두고 누워서 구역을 나눈 다음 유성의 개수를 세지요. 그때 쓰는 것이 윗몸일으키기 할 때 선생님이 따가닥 소리를 내며 누르는 계수기예요.

아니, 너무 원시적이라고요? 그거 컴퓨터가 세는 거 아니냐고요? 미안하지만 그렇지 않아요. 과학 기술은 많이 발전했지만 별똥별의 개수를 세어 주는 컴퓨터는 아직 나오지 않았답니다. 별똥별이 하루에 만 개 떨어졌다는 것은 천문학자들이 만 개까지 하나하나 세었다는 뜻이에요. 원시적인 방법이 꼭 필요한 때도 있다니까요.

사실 그날 보현산 꼭대기에 그렇게 많은 사람들이 모인 데는 텔레비전과 신문의 역할이 컸어요. 신문과 방송에서 날마다 하늘에서 벌어질 멋진 '우주 쇼'를 보라고 부추겼거든요. 실제로 이날 유성우는 우리나라에서 가장 잘 보인다고 해서 외국 천문학자들도 와 있었어요.

저마다 우주 쇼를 보려고 천문대 꼭대기에 모였건만 날씨는 정말 도와주지 않았어요. 구름이 오락가락하더니 열두 시가 넘어서는 천문대 하늘을 완전히 가려 버리고 말았으니까요. 외국인을 포함한 천문학자들은 구름이 걷히길 기다릴 것이 아니라 구름이 없는 곳으로 가기로 했어요. 결국 천문학자들은 동해안까지 가서야 구름이 가리지 않은 들판을 발견하고 누구 것인지도 모르는 논밭에 누워 유성우를 관측했답니다. 정말 흥미진진한 일이죠? 천문학자라는 직업이 말이에요.

이렇게 열심히 달려갔지만 기대와 달리 유성우는 그리 멋지지 않았어요. 다음 해인 1999년에는 사자자리 유성우가 전혀 방송을 타지 못했어요. 전해에 실망한 기자들이 전혀 관심을 두지 않았기 때문이죠. 1999년에는 날씨가 흐리기도 했지만, 유성우를 보려고 산에 온 사람이 열 명도 되지 않았어요. 그러나 2001년 사자자리 유성우는 정말 볼 만했어요. 커다란 불덩어리가 지나가면 '슈우욱' 하는 소리까지 들릴 정도였으니까요. 사람들은 커다란 유성이 머리 위를 지나갈 때마다 탄성을 질렀지요. 그날 유성우를 보러 온 사람들이라면 밤을 새울 가치가 충분히 있었다고 느꼈을 거예요.

이런 멋진 유성은 왜 생기는 걸까요?

지구가 공전하는 길 주변에는 작은 조각들이 많이 있어요. 이 조각들은 지나가던 혜성의 몸에서 떨어져 나온 부스러기일 수도 있고, 소행성 조각이나 원래부터 태양계 안에 있던 것일 수도 있지요.

지구는 매우 빠르게 태양 주위를 돌고 있기 때문에 이런 조각들이 지구와 부딪히면 지구의 대기권 안으로 빠르게 들어오면서 불타게 되는데, 지구에 사는 우리가 보면 불덩이가 떨어지는 것처럼 보이는 거예요. 이것을 유성 또는 별똥별이라고 하지요. 그리고 지구가 다니는 길에 이런 찌꺼기가 잔뜩 있으면, 지구로 떨어지는 불덩어리가 많아지겠

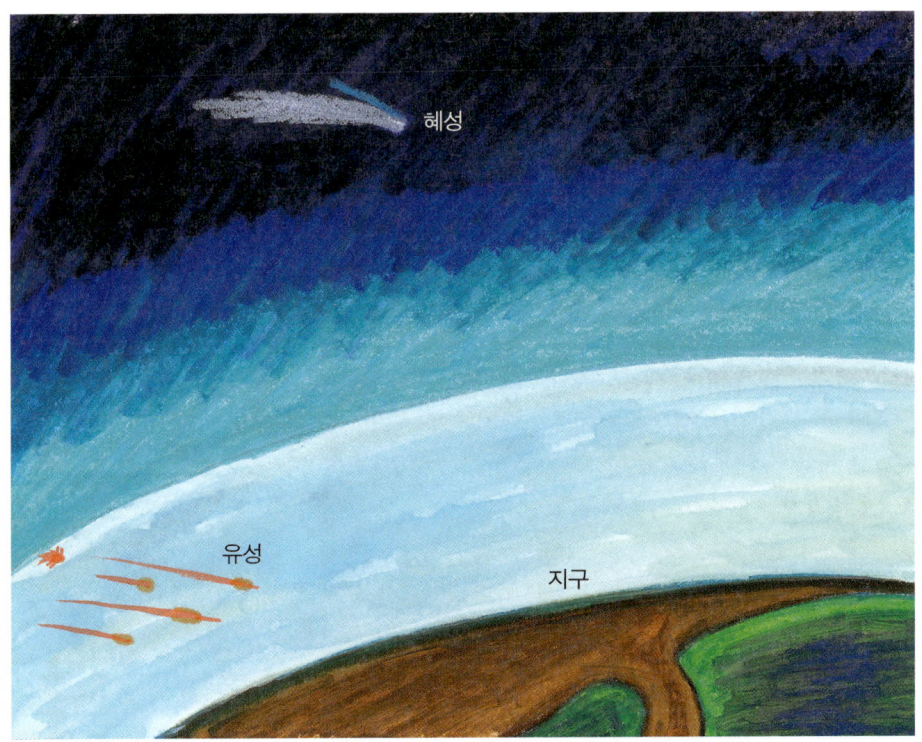

혜성과 유성의 차이 혜성은 우주 공간에 있고, 유성은 지구 대기권 안에서 불붙는다.

지요? 이럴 때 우리는 유성이 비처럼 쏟아지는 유성우를 보게 되는 거예요.

　유성은 혜성과 근본적으로 달라요. 혜성은 지구 대기권 밖에서 스스로 꼬리를 만들며 우주를 떠다니는 것이지요. 반면에 유성은 지구의 대기권 안으로 들어와 불이 붙어야만 비로소 유성이라고 불러요. 지구의

사자자리 유성우가 생기는 이유

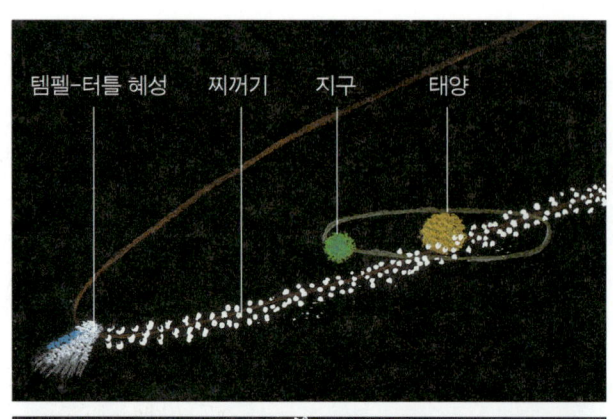

1

템펠-터틀 혜성이 찌꺼기를 뿌리며 지나간다.

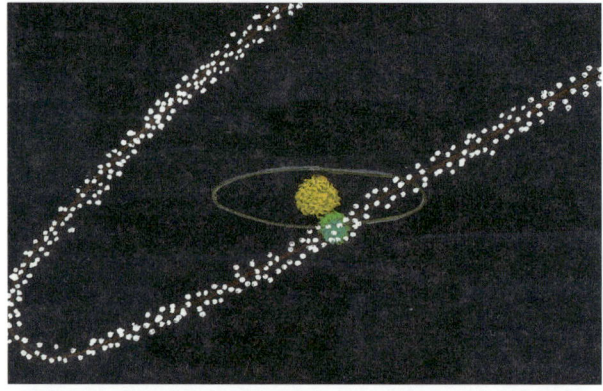

2

혜성의 찌꺼기 속으로 지구가 들어간다.

3

유성우가 쏟아진다.

대기권으로 들어오지 않는 우주의 부스러기들은 유성이 될 수 없어요. 그냥 우주를 떠다니는 돌덩어리일 뿐이에요.

사자자리 유성우는 템펠-터틀 혜성 때문에 생겨요. 33년마다 한 번씩 찾아오는 템펠-터틀 혜성은 수많은 조각들을 뿌리며 지구가 공전하는 길을 가로질러 가요. 지구는 해마다 11월 17일에 혜성 조각들이 널려 있는 이곳을 지나가지요. 그래서 별똥별이 비처럼 쏟아지는 유성우를 볼 수 있게 되는 거예요.

템펠-터틀 혜성은 1998년 초에 지구를 지나갔어요. 그래서 천문학자들은 1999년의 '사자자리 유성우'가 1998년보다 훨씬 멋질 것이라고 예상했어요. 왜냐하면 1965년에도 이 혜성이 같은 곳을 지나갔는데, 다음 해인 1966년에 소나기 같은 '사자자리 유성우'를 볼 수 있었거든요. 그러나 예상과는 달리 1998년, 1999년 모두 유성우가 소나기처럼 쏟아지는 것은 볼 수 없었어요. 예상이 틀린 것이죠. 모든 것을 맞힐 수는 없잖아요?

유성우를 11월 18일 새벽에만 볼 수 있는 것은 아니에요. 5월과 7월에는 물병자리 유성우를 볼 수 있고, 8월에는 페르세우스자리 유성우를 볼 수 있어요. 페르세우스자리 유성우도 아주 유명한데, 8월이 우리나라에서는 장마철이기 때문에 보기가 힘들어요. 그리고 12월에는 머리털자리 유성우를 볼 수 있어요.

우주가 우리에게 돈도 받지 않고 보여 주는 이 멋진 쇼를 보는 데는 비싼 망원경이나 개수를 세어 주는 기계가 필요 없어요. 가장 필요한 것은 좋은 눈이에요. 우리는 이 눈이 하늘에서 벌어지는 일들을 잘 볼 수 있게, 추우면 몸을 따뜻하게 해 주어야 하고, 배고프면 먹어 주어야 하고, 졸리면 잠깐씩 자 주어야 해요. 아무리 좋은 기계가 있다 해도 우리 몸, 즉 내가 없으면 아무런 소용이 없지요.

하지만 유성이 늘 멋져 보이는 것만은 아니에요. 우주의 찌꺼기 때문에 생긴 유성은 좋은 구경거리가 되지만, 그렇지 않은 것도 있거든요. 크기가 수십 킬로미터씩 되는 소행성이 지구와 부딪히면 아주 커다란 유성이 될 것은 틀림없지만, 그런 일이 일어난다면 우리는 모두 죽을 수밖에 없으니까요.

지금도 지구 주변에는 커다란 돌덩어리들이 날아다니고 있어요. 우주는 결코 고요하지 않아요. 운 좋게 내년 11월까지 이런 돌덩어리들과 지구가 부딪히지 않는다면 우리는 다시 사자자리 유성우를 볼 수 있을 거예요. 그때는 침낭을 꼭 준비해 오세요.

우주에도 일기예보가 있어요?
태양풍 이야기

　1859년 9월, 북극이나 남극에서만 보이는 오로라가 이탈리아 로마와 미국 하와이에서 보이는 놀라운 일이 벌어졌어요. 1989년 3월 13일부터 14일 사이에는 캐나다 퀘벡 주의 송전 시설이 망가져 아홉 시간 동안 정전이 되는 사태가 일어나기도 했지요. 이 일 말고도 어떤 철새들은 방향을 잃고, 물고기 떼는 평소에 가지 않던 엉뚱한 곳으로 몰려가기도 했어요. 이 모든 일이 태양 때문에 일어난 소동이었어요.

　태양은 뜨거운 불덩어리예요. 그리고 가끔씩 태양 표면에서는 큰 폭발이 일어나죠. 한 번 폭발하면 큰 불꽃이 생겨요. 그리고 폭발할 때 태양에서 빠져나온 물질들이 지구를 휩쓸면서 지나가요. 이것을 '플레어'라고 해요. 1859년과 1989년에 있었던 일 모두 이 플레어 때문에 생긴 것이에요. 플레어는 큰 불꽃이라고 할 수 있는데, 그 불꽃이 얼마나 큰지 지구의 몇십 배나 된다지 뭐예요? 만약 그 불꽃을 직접 맞는다면,

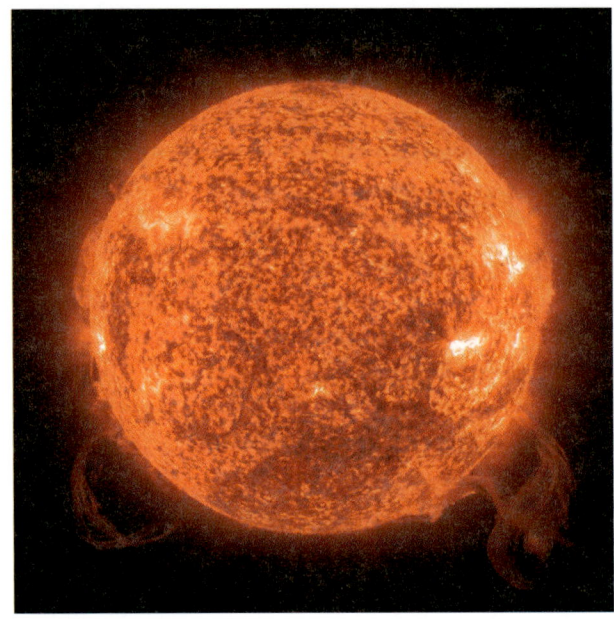

플레어 저 커다란 불꽃 옆에 연필로 점을 하나 꼭 찍으면 그것이 바로 지구가 될 것이다. 플레어는 그만큼 어마어마하게 큰 불꽃이다.

지구에 있는 생명체는 모두 죽고 말 거예요.

플레어 말고도 태양은 항상 뜨거운 바람을 사방으로 날려 보내고 있어요. 이것이 '태양풍'이에요. 지구에 살고 있는 사람들은 아무것도 느끼지 못하지만, 태양풍과 플레어 때문에 지구의 전자기파 세계에는 큰 변화가 일어나요. 바람이 불면 나무가 휘어지는 것처럼 고요한 지구의 전자기파들이 마구 헝클어져 버리는 것이지요.

전자기파 세계의 질서가 무너지면, 잘 날던 비행기가 통신이 끊겨 갈 길을 찾지 못하기도 하고, 멀쩡하게 잘되던 휴대전화가 안되기도 하지

갈릴레오 갈릴레이

요. 전자기파는 눈에 보이지 않기 때문에 이런 일들은 예측하기가 어려워요. 그러나 미리 알 수 있는 방법이 있지요. 태양에 생기는 점을 세면 되거든요.

태양 표면에는 점이 있어요. 이것을 '흑점'이라고 하는데, 옛날 사람들은 흑점을 알고 있으면서도 모르는 척했어요. 신성한 태양의 얼굴에 점이 생기다니, 그건 있을 수 없는 일이라고 생각한 것이지요. 그러나 잘못된 상식을 바로잡는 용기 있는 사람들이 역사 속에는 늘 있기 마련이에요. 갈릴레오 갈릴레이(1564~1642)는 그전에 살았던 사람들이 교회의 눈치를 살피느라 감히 밝히지 못했던 흑점의 존재를 사람들에게 말하고 다녔어요.

그 후 천문학자들은 흑점이 11년을 주기로 수가 많아졌다 적어졌다 한다는 것을 발견했어요. 중요한 것은 태양 흑점이 많아질 때 지구에서는 이상한 일이 많이 일어난다는 것이었죠. 흑점이 많이 나타난 해에는 피부암 환자가 늘어났고, 거두어들인 곡식의 양도 적었어요.

1700년 무렵, 태양 흑점이 거의 나타나지 않았을 때는 유럽의 기온이 전체적으로 낮아졌다는 기록도 있어요. 오랜 기간에 걸쳐 쌓아 온 관측 기록 덕분에 천문학자들은 태양 흑점이 많을 때 태양풍이 더욱 세게 지구를 때리며 플레어도 더 강하다는 것을 알게 되었어요.

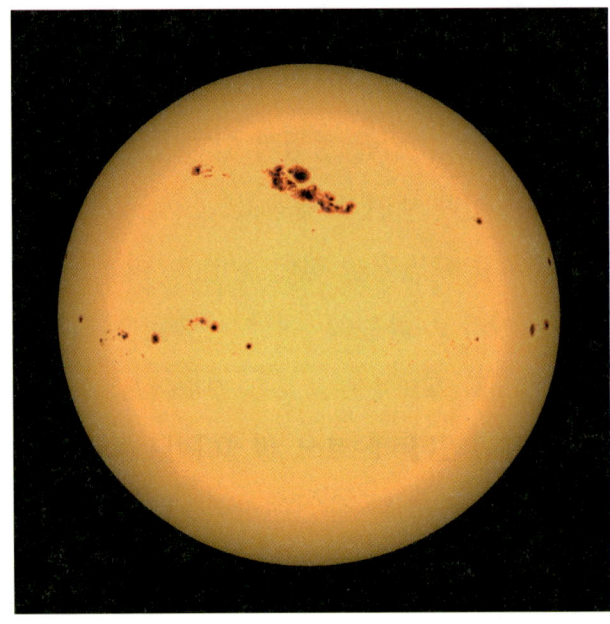

태양의 흑점 태양 흑점이 많을 때 태양풍이 더욱 세게 지구를 때리며 플레어도 더 강하다.

왜 그런지 궁금하다고요? 설명해 줄 테니 잘 들어야 해요. 어려울 수도 있거든요.

자석에 쇳가루가 붙는 것처럼 전자기파 근처에는 작은 물질들이 잘 모여요. 텔레비전 화면에 까맣게 낀 먼지를 본 적이 있죠? 못 봤다면 지금이라도 휴지를 들고 텔레비전을 닦아 보세요. 까만 먼지가 듬뿍 나올 테니!

태양 속에도 전자기파가 이리저리 얽혀 있어요. 그리고 전자기파가 많이 몰려 있는 곳에는 태양을 구성하고 있는 기체들이 많이 달라붙어 있지요. 이렇게 되면 그 부분으로는 빛이 잘 나오지 못해서 다른 곳보다 온도가 낮아져요. 그래서 그 부분이 검게 보이는 거예요.

이런 관계를 잘 생각해 보세요. 흑점은 태양의 전자기파 때문에 생기니까, 흑점이 많다는 것은 곧 전자기파 에너지가 많다는 것을 뜻해요. 그러니 흑점이 많을 때 플레어나 태양풍이 강해지는 것이죠.

우리는 좋든 싫든 전자기파가 거미줄처럼 얽혀 있는 환경에서 살고 있어요. 눈에는 보이지 않지만 말이에요. 텔레비전, 휴대전화, 갖가지 통신 장비들, 비행기, 라디오같이 우리 생활에서 떼려야 뗄 수 없는 필수품들이 전자기파로 작동해요. 시간이 지날수록 사람들은 이런 물건에 더욱 매달려 살게 될 거예요. 그러나 이 모든 것은 태양으로부터 불어오는 플레어 한 방이면 순식간에 모두 멈출 수도 있어요. 이제는 내일 비가 올지, 눈이 올지, 그런 것만을 걱정하면서 살 수는 없게 되어 버린 것이죠.

그래서 천문학자들은 '우주 환경 예보'라는 것을 만들고, 지구를 둘러싼 우주 환경에 가장 큰 영향을 주는 태양을 감시하는 일을 하고 있어요. 이제는 태양 표면의 폭발과 더불어 일어나는 플레어를 미리 예측할 수 있게 되었어요.

불과 얼마 전까지만 해도 천문학자들의 중요한 임무 가운데 하나는 일기의 변화를 알아내서 사람들에게 알리는 것이었지요. 그러나 이제 천문학자들은 우주의 전자기파 날씨가 어떻게 변하는지를 알아내는 일도 하고 있어요.

  다행히도 플레어는 짧은 시간에 지나가고, 태양을 마주하고 있지 않은 지구 반대쪽에서는 영향을 좀 덜 받아요. 그래서 플레어가 곧 생긴다거나 태양풍이 더욱 거세질 것이라는 우주 환경 예보가 나오면, 인공위성 같은 것은 잠시 하던 일을 멈추든지 태양의 반대쪽으로 가 있으면 고장을 피할 수 있어요.

  지구를 둘러싼 대기는 태양풍의 충격을 흡수하는 역할을 하기도 해요. 그래서 우주 환경 예보는 지구에서보다 달이나 화성같이 대기가 없는 곳에서 더욱 중요해요. 우주인들이 달에서 생활을 하게 되면, 태양풍이나 플레어를 예보해 주는 일이 아주 중요한 일이 되지요. 우주인들의 목숨과 관계된 일이니까요.

  가까운 나라 일본에서는 일기예보 시간에 우주 환경 예보도 같이 하고 있어요. 이제 우주 환경 예보는 자외선 차단 지수를 말해 주는 것처럼 자연스러운 일이 되어 가고 있어요.

달은 우리를 지배한다
달과 지구의 생물 이야기

그림책 『달 사람』(토미 웅거러 지음, 비룡소 1996)에는 달의 모양에 따라 몸이 변하는 '달 사람'이 나와요. 그가 지나가던 혜성의 꼬리를 붙들고 지구에 오자 지구인들은 그를 잡아 지하 감옥에 가두죠. 그런데 감옥에 들어갈 때는 통통한 보름달 모양이었던 달 사람이 보름 뒤 그믐이 되자 마치 투명 인간처럼 감옥을 빠져나와요. 정말 기발한 이야기죠?

이 이야기에 나오는 것처럼 달은 약 29일을 주기로 모양이 바뀌어요. 이것은 달이 지구를 한 바퀴 도는 시간과 비슷해요.

아득한 옛날, 동물 가죽으로 만든 옷을 입고 사냥을 하여 먹고살았던 원시인들은 달의 모양이 변하는 것을 이상하게 생각했어요. 그러던 어느 날 한 똑똑한 원시인이 달의 모양은 날마다 조금씩 변해서 29일 뒤에는 원래 모양으로 되돌아온다는 것을 알게 되었어요. 아마 이 원시인은 수많은 밤을 달을 보며 새웠을 거예요.

그리고 또 많은 세월이 지나 그들이 농사를 짓게 되자, 날짜를 알아야 할 필요가 생겼어요. '어느 날쯤에 씨앗을 뿌려야 하는지' '어느 때쯤 물을 대야 하는지'와 같은 문제는 사냥을 할 때는 생각할 필요가 없는 것들이었죠. 하지만 이젠 중요한 것이 되었어요. 드디어 달력이 필요하게 된 거예요. 원시인들은 모양이 일정하게 변하는 달을 날짜의 기준으로 삼아, 동물 뼈에 그날그날 뜨는 달의 모양을 기록했어요. 원시인들은 뜻하지 않았겠지만 이것이 가장 오래된 음력 달력이 되었어요.

그러나 이 음력은 계절과 잘 맞지 않았어요. 지구의 계절은 지구가 태양을 도는 것에 따라 바뀌는데, 달의 모양이 변하는 것은 이와 관계가 없었기 때문이죠. 그러다 보니 겨울이어야 할 12월에 가을이 되기도 하고, 어떤 해에는 달과 계절이 정반대로 바뀌기도 했어요. 사람들은 음력 달력만을 믿고 농사를 지을 수는 없었어요.

한편 이집트에 살고 있던 사람들은 자기들도 모르는 사이에 태양력을 쓰고 있었어요. 나일 강을 끼고 살았던 이집트 사람들은 강가에서 농사를 지었어요. 그런데 일정한 때가 되면 나일 강에 큰 홍수가 나서 강이 넘치곤 했어요. 물이 빠진 후에는 강을 타고 내려온 기름진 흙이 강가에 쌓였고요. 이 흙은 농사짓는 데 여간 좋은 것이 아니었어요. 그리고 추수할 때가 되어 곡식을 거두어들이고 나면 또 홍수가 났고, 거기에다 다시 농사를 지었지요.

해마다 홍수는 같은 때에 일어났어요. 그래서 이집트 사람들은 홍수

곡식을 거두는 이집트 농부 그림 둘레의 테는 나일 강의 물을 끌어다 만든 수로이다. 비가 와서 강물이 불면 비옥한 흙이 쌓이고 수로에 물이 찬다.

를 피하기 위해 강물의 높이를 재서 그것을 달력으로 삼았어요. 그리고 얼마가 지나자 그것은 태양의 움직임과 관계가 있다는 것을 알게 되었고, 곧 태양을 기준으로 달력을 만들게 되었죠. 이집트 사람들은 자기들을 둘러싼 환경 덕에 자연스럽게 태양력을 쓰게 되었던 거예요. 농사를 짓는 데는 음력보다 태양력이 더 좋았어요.

 하지만 음력이 불편하긴 해도 지구에 사는 생물들은 달로부터 아주 큰 영향을 받고 있어요.

 혹시 '생체 시계'라는 말을 들어 봤어요? 시계를 보지 않아도 우리

달의 모양 변화와 여성의 생리 주기

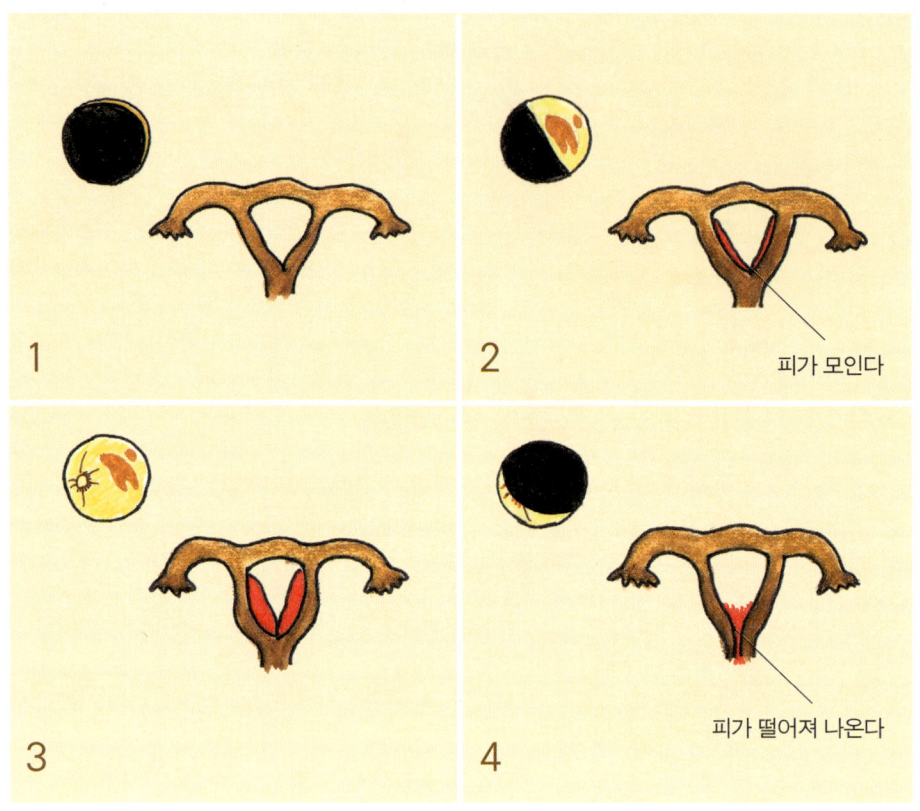

몸은 때가 되면 밥을 먹어야 하고 잠을 자야 한다는 것을 알지요. 우리 몸이 시간을 알기 때문이에요. 그것을 두고 생체 시계라고 해요. 지구에 살고 있는 생물들의 생체 시계는 지구가 스스로 한 번 도는 '하루', 태양을 한 바퀴 도는 '일 년', 달이 지구를 한 바퀴 도는 '한 달'에 맞추어져 있어요. 신기하죠?

한 예로 여성의 평균 생리 주기는 달이 차고 기우는 주기인 29일과 같아요. 난자가 몸속에서 여무는 데는 보름 정도가 걸려요. 그동안 자궁 안은 아기를 잘 키울 수 있게 피가 많이 몰려 있게 되지요. 그러나 이 난자가 정자와 수정하지 못하면, 다시 보름 뒤 자궁벽에 모여 있던 피가 밖으로 나오는 거예요. 어때요, 딱 한 달이죠? 자손을 퍼뜨리는 중요한 일을 한 번 꾀하는 데 한 달이 걸리는 거예요.

거북이들도 보름달이 뜨는 때에 알을 낳으러 해변으로 올라와요. 게들은 보름달이 뜰 때 운동량이 많아져 살이 붙지 않아 맛이 없다고 하지요. 바다 생물의 생체 시계도 오랜 시간이 지나는 동안 달의 변화에 맞추어져 온 거예요.

바닷물은 변하지 않고 늘 그대로 있는 것 같지만, 실은 달을 따라 움직여요. 달이 있는 쪽으로 몰려가는 것이죠. 하지만 지구는 그런 것하고는 관계없이 하루에 한 바퀴를 스스로 돌아요. 그래서 우리나라 서해안에서는 아침에는 물이 들어오고 점심에는 물이 나가며, 저녁에는 다시 들어오고 밤에는 다시 나가는 일이 되풀이되는 거예요. 이것을 '조석 간만의 차'라고 하지요. 사실 물이 들어오고 나간다기보다는 땅이 물이 많이 모여 있는 곳과 없는 곳을 번갈아 드나든다고 해야 옳을 거예요.

바다에 사는 생물들은 이런 변화를 잘 알고 있어요. 오랜 세월 동안 쌓인 경험이 유전자에 기록되어 있는 것이죠. 그러나 거북이나 게는 자기들이 이런 감각을 가지고 있다는 것조차 모를 거예요. 그냥 그런 감각을 가지게 된 것이니까요.

달과 바닷물의 관계는 바다 생물들에게만 영향을 주는 것이 아니에요. 지구 자신도 영향을 받고 있어요. 달이 끄는 힘 때문에 지구는 달 쪽으로 모여드는 물을 거슬러 자전을 해야만 돼요. 그러니 스스로 도는 것이 항상 쉽지만은 않죠. 조금씩 힘겨워지고 있는 것이에요. 결국 자전하는 시간이 점점 길어지게 되고, 지구의 하루도 점점 길어져요.

힘이 빠지면 지구는 전보다 달을 꼭 붙들고 있을 수가 없겠죠? 자식들이 항상 부모에게서 벗어나려고 하는 것처럼 달도 지구로부터 늘 달아나려고 하죠. 그러나 지구가 달을 중력이라는 보이지 않는 끈으로 꽉 붙들고 있기 때문에 달은 지구 주위를 뱅뱅 돌 수밖에 없어요. 이런 관계는 지구와 태양도 마찬가지예요.

지구가 처음 만들어졌을 때는 달과의 거리가 지금보다 가까웠다고 해요. 몇억 년 전에는 달이 지금보다 훨씬 크게 보였어요. 달이 더 가까이 있었기 때문이죠. 달과 지구 사이의 거리는 영원히 변하지 않는 것이 아니에요. 지금도 달은 지구로부터 1년에 4센티미터씩 멀어지고 있어요. 그래서 45억 년 후에 지구의 하루는 지금의 두 배가 될 것이고, 달은 훨씬 더 멀리 떨어져서 일식을 더 이상 볼 수 없게 될 거예요.

우리는 느끼지 못하고 있지만, 달은 지금도 우리의 생활을 휘두르고

달과 멀어지는 지구 1년에 4센티미터씩 멀어진다.

있어요. 밤에 보이는 달은 우리와 동떨어진 다른 세계인 것만 같지요? 하지만 우리는 달과 다른 천체들이 정해 놓은 보이지 않는 규칙 속에서 살고 있어요. 지구에서 태어난 모든 동식물과 사람 들은 싫든 좋든 우주의 규칙에 따라 살 수밖에 없어요. 우리는 우주의 일부이니까요.

지구와 가장 닮은 형제
화성에 얽힌 이야기

화성에 외계인이? — 사라진 화성 탐사선들

1999년 12월 4일 미국항공우주국(NASA, 나사)은 말 그대로 초상집 분위기였어요. 2,000억 원이나 들여 발사한 '화성 극지방 착륙선'에서 아무런 연락이 없기 때문이었죠. 박살이 났는지, 무사히 착륙은 했는데 컴퓨터 고장으로 연락을 못 하는 것인지 도대체 소식이 없었어요.

어떤 사람들은 화성인들이 자신들의 존재를 지구인에게 들키고 싶지 않아 이 우주선을 폭파했을 것이라는 주장을 했어요. 화성인이 있다고 철석같이 믿는 그 사람들이 이런 말을 하는 데는 다 이유가 있어요. 이번이 처음이 아니었기 때문이죠.

이 사건보다 앞선 9월 '화성 기후 탐사선'이 화성에 갔다가 대기권에 들어가자마자 불이 붙어 연기처럼 사라진 일이 있었어요. 컴퓨터 프로그래머들이 '인치'(inch)로 입력해야 하는 자료를 '센티미터'(cm)로

화성 극지방 착륙선 이 착륙선은 화성에 도착한 뒤 연락이 끊겨 임무를 수행하지 못했다.

잘못 입력하는 바람에 일어난 웃지 못할 실수였죠. 이 작은 실수로 1조 5,000억 원이나 하는 우주선이 제대로 일 한번 못 해 보고 사라진 거예요. 그러나 정확한 까닭이 밝혀지기 전까지는 사람들이 모두 화성인을 의심(?)했어요.

또 1993년 마스 옵저버호는 화성 근처에서 갑자기 연락이 끊겨 어디서 어떻게 되었는지 지금도 몰라요.

이렇게 실패한 화성 탐사선도 있지만, 훌륭하게 자기 임무를 마쳤거나 지금도 일을 하고 있는 탐사선도 있어요. 화성의 인공위성이 되는

2001 마스 오디세이 이 탐사선은 2001년 지구를 떠나 화성의 인공위성이 되었다. 영화 「2001 스페이스 오디세이」(1968)에서 이름을 따왔다.

데 성공한 '2001 마스 오디세이'는 지금도 화성의 기후와 지질학적인 특성을 지구에 알려주고 있지요. 2008년에는 물의 흔적을 찾아 화성에 생물이 있었을지도 모른다는 추측을 품게 했어요. 그러나 아직 화성인의 흔적은 찾아볼 수 없어요.

이런 과정을 통해 화성의 진짜 모습이 밝혀지자, 사람들은 또 이렇게 말하기 시작했어요.

"화성인들은 땅속에 살고 있다. 그러니 사진에 나올 리가 없지!"

화성인이 없다는 것은 누구나 알고 있지만, 옛날부터 화성인은 외계

지구와 가장 비슷한 화성

인의 대명사가 되어 왔어요. 공상과학소설을 쓰는 사람들은 만약 지구 말고 생명체가 살고 있는 곳이 있다면 그곳은 화성일 거라고 생각했지요. 태양계의 다른 행성들 가운데 화성이 지구와 가장 비슷하기 때문이에요.

달에는 이미 가 보았지만, 거기에는 공기도 물도 없었어요. 금성은 표면 온도가 높고 압력이 너무 높아 가는 우주선마다 찌그러진 깡통 꼴이 되고 말아요. 과학자들도 그저 금성 탐색선이 완전히 찌그러지기 전까지만이라도 일을 잘해 주기를 바랄 뿐이죠.

그러나 화성은 달라요. 지구처럼 계절도 있고, 적지만 공기도 있죠. 화성의 하루는 지구처럼 24시간 정도예요. 그리고 지금은 말라붙었지만 강 자국도 있어요. 예전에는 물이 있었다는 증거예요.

물이 있다는 것은 아주 중요해요. 물이 있는 곳에는 생명체가 있기 때문이죠.

자, 그럼 이제 화성의 생명체에 대한 이야기를 해 볼까요?

지구인의 조상은 화성에 있다?

사람들은 항상 자신의 뿌리에 대해 궁금하게 여겨요. '우리는 어디에서 와서 어디로 가는가' '우리는 누구이며 어떻게 살아야 하는가'에 대한 답을 찾고 싶기 때문이죠.

지금까지 과학자들이 머리를 맞대고 찾은 답은 이랬어요.

"지구가 생기고 얼마 후 바다가 생겼는데, 그때까지 대기에는 산소가 없었다. 이때는 늘 천둥 번개가 쳤다. 번개는 엄청난 에너지를 가지고 있었고, 그 에너지 때문에 바닷속에 있는 단백질에 변화가 생겨 생명체가 생겨났다. 생명체들은 산소를 만들기 시작했다."

한동안 이 이론은 모든 사람들에게 사랑을 받았어요. 어떤 과학자가 이와 비슷한 환경을 투명한 유리병에 만들고, 거기에 전기 충격을 줘서 단백질을 합성하는 데 성공을 했거든요. 이 이론은 지구 생명체는 지구에서 처음 생겼다는 점을 당연하게 여기고 있어요.

그러나 최근, 생명체가 화성에서 왔다고 주장하는 천문학자들이 생겨났어요. 이제 사람들은 이 이야기에 귀 기울이기 시작했어요.

자, 새로운 이야기를 들어 볼래요?

"지구가 아직도 팔팔 끓고 있을 때, 태양에서 지구보다 멀리 떨어져 있던 화성은 이미 식어서 물이 생겼다. 지금은 공기도 별로 없고 물도 모두 증발해 버렸지만 수십억 년 전에는 화성에도 물과 공기가 있었다. 그리고 그 물속에서 생명체가 생겨났다. 그러던 어느 날 화성은 소행성

화성의 돌이 남극에 오게 된 까닭

과 부딪혔다. 오랜 시간 동안 여러 번 이런 충돌이 있었는데, 그때마다 생명체가 담긴 화성의 조각들이 튕겨 나가 지구까지 오게 된 것이다. 이런 조각들은 수십억 개나 되었다."

뭐라고요? 터무니없다고요? 그런데 그렇게만 말할 수는 없는 일이 벌어졌어요.

어떤 사람들이 남극에서 돌을 하나 주워 왔어요. 그런데 그 돌은 놀랍게도 지구의 돌이 아니었다지 뭐예요. 성분 분석을 해 보니, 화성에서 온 것이었대요. 이 돌을 유심히 살피던 과학자들은 재미있는 발견을 하게 되었어요. 화성에서 온 바로 그 돌에서 미생물의 화석으로 보이는 것을 찾은 거예요. 과학자들은 몹시 흥분했어요. 이것이 미생물이 맞다면, 지구에서 생물이 생기기 훨씬 전에 이미 화성에 생물이 존재했었다는 증거가 되기 때문이죠.

그것이 사실이라면, 우리는 모두 화성 생명체의 후손인 셈이에요. 과학자들은 이런 사실을 더욱 자세하게 알고 싶었어요. 알고 싶은 답을 찾는 방법은 탐사선을 자꾸 보내 연구를 하는 것밖에는 없었죠.

그러나 탐사선을 보내기 전에 생각해야 할 것이 있어요. 만약 우리가 화성에서 생명체의 흔적을 찾고 싶다면, 우주선을 아무 곳에나 보내서는 안 되겠죠? 화성이 비록 지구보다 작기는 하지만, 그렇다고 조그만 우주선이 모든 곳을 누빌 수는 없는 일이니까요. 미생물이라도 찾으려면 물이 있는 곳에 탐사선을 보내는 것이 좋아요. 그래서 비록 착륙하는 데 실패하기는 했지만 화성 극지방 착륙선을 극지방에 보내려고 한 거예요. 화성의 북극과 남극, 바로 물이 얼어 있는 곳에 말이에요.

물은 생명을 만드는 데 가장 중요한 물질이에요. 우리 사람들도 지금은 땅에서 공기를 마시며 살고 있지만, 한때는 바닷속에서 살던 물고기들이었어요. 그보다 더 전에는 아주 단순한 세포였지요. 생명체를 찾으

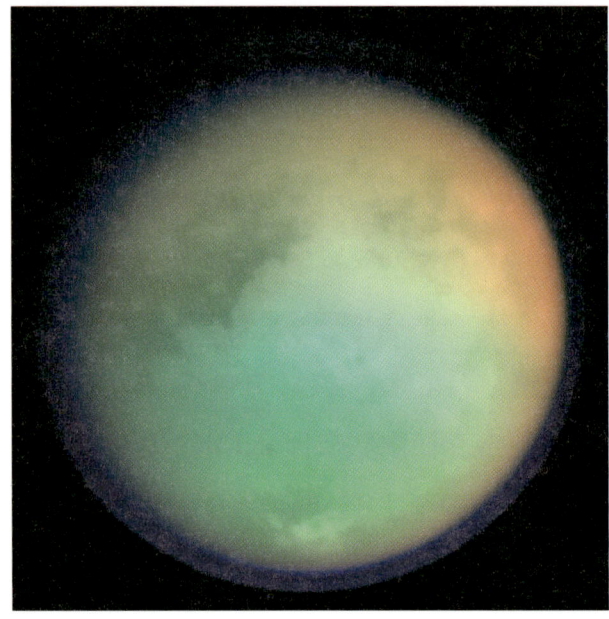

토성의 위성 타이탄 비록 위성이지만 지구와 비슷하다고 생각되는 천체다. 타이탄 주변에 보이는 얇은 막은 대기다. 타이탄에는 대기가 있다.

려면 단 한 방울이라도 물이 있는 곳에 가야 해요. 바로 물속에서 생명이 생겨났기 때문이지요.

불과 20년 전만 해도 지구의 생명체는 지구에서 만들어졌다고 생각했어요. 그러나 지금은 화성이 지구 생명체의 고향일 수도 있다고 생각하게 되었어요.

어제는 진실이었던 것이 오늘 바뀔 수도 있고, 또 내일 전혀 생각하지 못했던 다른 사실이 밝혀지는 것, 그것이 바로 과학의 세계예요. 그러고 보면 과학은 단 한순간도 진실인 적이 없는 셈인가요?

사람들이 화성에 가고 싶어 하는 이유

15세기 무렵, 유럽 사람들이 지구를 반 바퀴나 돌아 새로운 땅을 찾으려 했던 이유는 무엇이었을까요? 새로운 땅에서 얻는 황금과 그것을 찾는 사람만이 얻을 수 있는 명예, 바로 그 때문이었어요. 손바닥만 한 유럽 땅은 구석구석 다 알고 있었으니까요. 더 이상 새로운 곳이 없었죠.

사람들은 늘 가 보지 않은 곳에 대해 호기심을 품고 있어요. 그런 호기심도 풀고 돈과 명예도 얻는다면 여러분은 어떻게 하겠어요? 당연히 그곳을 찾아가겠죠? 과거에도 현재에도 그리고 영화 속의 미래에도 사람들을 새로운 곳으로 가게 만드는 것은 바로 이런 호기심과 욕심이에요.

지구에 살고 있는 사람의 수는 70억, 이제 곧 100억이 넘을 거예요. 그런가 하면 먹지 못해서 죽는 사람, 물이 없어서 죽는 사람, 전쟁으로 죽는 사람 들이 날마다 늘어나고 있어요. 이 모든 것이, 땅은 너무 좁고 사람은 너무 많기 때문에 일어나는 일이에요. 지하자원은 몇십 년이면 모두 없어질 거예요.

사람들이 달과 화성 같은 가까운 우주로 진출하려는 이유는 거기에 아직 개발되지 않은 자원이 있기 때문이에요. 500년 전 유럽인들이 그랬던 것처럼 우리도 우주의 자원을 탐내는 것이죠.

그러나 달과 화성에 사람이 살게 되기까지는 아직 가야 할 길이 너무 멀어요. 가깝다고는 하지만 지금 기술로 화성까지 가려면 여덟 달은

새로운 땅을 찾아서 500년 전에는 나무로 만든 배를 타고 새로운 땅으로 가는 데 몇 달씩 걸리곤 했다. 그러나 지금은 최첨단 장비를 실은 우주선을 타고 화성이나 금성에 가는 데 몇 달씩 걸린다. 왼쪽 그림은 안드리스 반 에르트벨트가 1628년에 그린 콜럼버스의 산타 마리아호이고, 오른쪽 사진은 2010년에 미국항공우주국의 아틀란티스호가 발사되는 모습.

걸려요. 우주 비행사들은 화성에 가는 동안 비좁은 우주선에 갇혀 있어야만 해요. 여러분이 쓰는 방에서 여덟 달 동안 나오지 않고 있다고 생각해 보세요. 아마 미쳐 버리고 말 거예요. 그러니 사람이 화성으로 가려면 우선 더 빠른 우주선이 나와야만 해요.

그리고 화성에는 무서운 모래 폭풍이 불고 있어요. 화성의 붉은 흙은 지구의 흙과 달라서 우리가 만들 기지에 어떤 영향을 줄지 알 수 없어요. 그래서 여러 번 실패를 하면서도 화성에 자꾸 탐사선을 보내는 거예요. 화성에 착륙한 탐사선들은 화성의 흙을 떠서 성분을 분석하고 그 자료를 지구로 보내요. 화성의 하늘에 떠 있는 탐사선은 화성의 기후를 열심히 분석해서 자료를 지구로 보내고요.

앞으로 2, 30년 안에 화성에 사람을 보내서 500일 동안 살아 보게 하려는 계획이 미국항공우주국에서 추진되고 있어요. 그렇다고 무턱대고 화성에 갈 수는 없겠죠? 먼 미래에 지구인들이 화성에서 살게 될 때 탐사선들이 보내온 자료가 아주 쓸모 있는 정보가 될 거예요.

우리가 아직 화성에서 살아 보지는 않았지만 영화를 보면서 화성 생활을 상상해 볼 수는 있어요. 「토탈 리콜」이라는 영화에는 새로운 기회를 얻기 위해 화성으로 이민 간 사람들이 나와요. 지구에서 별 희망이 없던 사람들은 부푼 꿈을 안고 기꺼이 화성의 개척지로 가요. 거기에는 아직 아무도 밟지 않은 땅이 얼마든지 있었거든요. 그러나 모든 일이 생각대로 풀린다면 이야기라고 할 수 없겠죠? 개척자가 되기 위해 화성에 간 사람들 가운데는 욕심 많은 우두머리가 있었어요. 이 사람은 화성 도시를 덮는 투명한 뚜껑을 만드는 데 값싼 불량 재료를 썼어요. 그 결과 불량 뚜껑이 자외선을 막지 못해 사람들은 암이 생겨 죽고, 돌연변이 자식을 낳게 돼요. 지구에서 가난했기 때문에 화성에 와서 잘살아 보려던 사람들의 꿈은 화성에서도 사라져 버리고 말았어요. 제 욕심만 채우는 사람들 때문에 말이에요.

영화가 재미있는 것은 우리 삶과 묘한 관계가 있기 때문이에요. 지금 지구에서 이루어지고 있는 우주개발 사업도 결국 힘 있는 사람의 힘을 더 키워 주는 수단이 되는 것은 아닐까요? 그럼 우리는 어떻게 하면 우주개발의 주인이 될 수 있을까요?

　먹고살기도 바쁜데 무슨 우주개발이냐고요? 그러나 그러고 있다가는 우주에서도 우리는 강대국들이 휘두르는 대로 끌려다닐 수밖에 없어요. 우리도 이제 이런 일에 관심을 가질 때가 되었어요. 아리랑 위성을 쏘아 올리고 기뻐하는 이유가 바로 이 때문이에요.

　반짝이는 별을 보며 별에 가 보고 싶다고 생각하는 생물은 사람밖에 없어요. 지구를 떠나야 하는 이런저런 까닭들은 많이 있어요. 태양은 늙어 죽을 것이고 그전에 지구 생물은 모두 멸종하고 말 거예요. 가능하다면 그 전에 새 보금자리를 찾아 외계 행성으로 이사를 가야 해요. 무엇보다 사람이라면 지니고 있는 우주에 대한 본디 그대로의 호기심, 이 호기심이 지구를 벗어나 다른 별로 가게끔 만드는 가장 큰 까닭이 아닐까요?

지구는 너무 좁아
우주개발 사업

우주개발 사업의 첫걸음, 우주정류장 미르

1957년 러시아에서 처음으로 인공위성을 발사하는 데 성공했어요. 러시아에서 발사된 스푸트니크호는 미국의 자존심을 구겨진 종잇장으로 만들고 말았죠.

혹시 '냉전 시대'라는 말을 들어 봤나요? 그것은 러시아와 미국이 지구는 자기들만이 살고 있는 곳인 양 서로 자기가 잘났다고 으르렁거리던 시대를 말해요. 그러다 보니 우주개발 사업은 두 나라의 자존심 대결이 되고 말았지요. 우주로 누가 먼저 나가느냐 하는 것이 그 나라의 힘을 말해 준다고 믿었던 거예요. 미국과 러시아는 지구를 벗어나 우주 공간도 서로 먼저 차지하려 했던 거지요.

인공위성 발사에 한발 늦은 미국은 열심히 우주개발 사업에 돈과 노력을 쏟아부어 1969년, 러시아보다 먼저 달에 사람을 보내게 되었어

발레리 폴리야코프

요. 12년 만에 러시아를 누른 것이죠.

한편 달에 사람을 보내는 것에 한 수 뒤진 러시아는 우주정류장 건설에 모든 힘을 기울였어요. 1986년 러시아 말로 평화라는 뜻의 미르호가 보란 듯이 하늘을 날아 우주정류장이 되는 데 성공했지요. 불과 3주 전 미국에서 우주왕복선 챌린저호가 발사된 지 몇 분 만에 폭발하는 일이 벌어졌던 터라 미국인들은 다시 풀이 죽었지요. 미국항공우주국은 이 일 때문에 미국 정부로부터 우주개발 사업에 쓸 돈을 조금밖에 받지 못하게 되었어요.

러시아 우주인 블라디미르 솔로비요프는 미르호에 처음으로 탄 우주인이 되었고, 발레리 폴리야코프라는 우주인은 437일 18시간이나 이 우주선에 타고 있었어요. 1년이 넘게 있었던 것이죠. 우주인들이 먹을 음식이나 마실 물, 편지, 신문 등은 '프로그레스'라는 무인 우주선이 실어다 줬어요. 특히 미르호에서는 소변을 전기분해해서 우주인들에게 필요한 산소로 만들어 썼어요. 이렇게 소변을 재활용하면 산소를 운반하는 데 드는 비용을 절약할 수 있죠.

미르호에는 여러 가지 실험실이 붙어 있었어요. 그중 어떤 방에서는 수정을 키우는 일을 했어요. 우주 공간은 중력도 없고 공기도 없는 진

최초의 우주정류장, 미르호

세르게이 크리칼레프

공 상태이기 때문에 지구에서보다 더 빨리 수정을 만들 수 있대요. 그리고 어떤 방에서는 새로운 약을 만들기도 했어요. 우주에서는 실험 결과가 더 빨리 나오고, 더 강한 약을 쉽게 만들 수 있었죠.

또한 미르호에서는 지구 공기의 흐름을 분석하고 오존층을 감시하는 일을 하기도 했어요. 그러나 무엇보다도 이 우주선에서 오랜 기간 살았던 우주인들 스스로가 가장 큰 실험 대상이었지요. 중력이 없는 곳에서는 사람의 뼈가 약해진다는 것이 미르호의 우주 비행사들 덕에 알려졌거든요. 좁은 공간에서 여러 사람이 싸우지 않고 잘 지내야 하는 것도 큰 문제였어요.

만약 우주선에서 혼자 지내야 한다면 외로움과 싸워야 해요. 1991년에 지구로 돌아오기로 되어 있었던 세르게이 크리칼레프는 불행하게도 제때에 돌아올 수 없었어요. 러시아가 돈이 없다는 이유로 돌아올 우주선을 보내 주지 않았기 때문이죠. 크리칼레프는 예상보다 다섯 달이나 늦은 1992년 3월에야 지구로 돌아올 수 있었어요.

미르호에서는 러시아 우주 비행사만 생활한 것이 아니에요. 일본인 기자가 미르호에 탄 적도 있고, 독일인이 탄 적도 있었어요. 이 사람들이 미르호에 한 번 가는 데는 200억 원이 넘는 돈이 들었다고 해요. 이런 수입은 러시아가 돈이 없어 허덕일 때 미르호를 지원하는 데 아주 요긴하게 쓰였어요.

미르호가 하늘에서 지낸 지 10년이 되자, 우주선 여기저기에 고장이 나기 시작했어요. 1997년에는 산소통이 폭발해서 불이 나기도 하고, 산소를 만들어 주는 기계가 고장이 나서 우주인들이 산소통을 짊어지고 숨을 쉬어야 하기도 했어요. 마침내 1999년 8월 러시아는 미르호에 대한 지원을 모두 중단했고 우주 비행사들도 모두 지구로 돌아왔어요.

우주 비행사들이 지구로 돌아오자 미르호는 텅텅 비었고, 사람들은 미르호를 어찌할까 고민에 빠졌어요. 그냥 두면 천천히 지구로 떨어질 것이고 그러면 사람들이 아주 위험하게 되죠. 어떤 사람들은 미르호를 우주 관광 상품으로 만들려고 노력하기도 했어요. 휴가를 우주에서 보낸다는 것은 정말 신나는 일이 아니겠어요? 하지만 많은 사람들이 미르호는 너무 오래되고 낡아서 안전하지 않다고 생각했어요. 만약 그곳에 사람들이 놀러 갔다가 사고가 나서 귀한 목숨을 잃기라도 한다면 큰일이니까요. 여러 가지 생각을 하던 사람들은 미르호를 넓은 바다에 떨어뜨리는 것이 가장 좋겠다는 결론을 얻었어요.

결국 미르호는 치밀하게 계산된 길을 따라 2001년 3월 23일 남태평양에 떨어져 이제는 볼 수 없게 되었지요.

미르호를 잇는 국제우주정류장, ISS

미르호가 사실상 임무를 끝내자, 다음 세대 우주정류장을 만들기 위해 여러 나라가 힘을 합치게 되었어요. 러시아는 우주정류장을 만드는 데 미국보다 앞선 기술을 가지고 있었어요. 미국은 돈이 있었죠. 그리고 일본, 유럽 등에서 너도나도 국제우주정류장을 만드는 데 참여하고 싶어 했어요.

미국과 러시아뿐만 아니라 유럽도 '유럽우주기구'를 두어 오래전부터 여러 가지 우주개발 사업에 관심을 갖고 경험을 쌓아 왔고, 다른 선진국들도 앞다투어 같은 일을 해 왔어요. 결과적으로 나라마다 다른 부분의 경험과 자료를 가지게 된 덕에 한 단계 발전한 우주정류장 건설에 모두 참여할 수 있게 되었지요. 어느 한 나라의 기술과 자본만으로는 한 단계 더 나은 우주정류장을 만들 수가 없어요. 모두 같이해야만 되는 일이죠.

지구를 제외하고 사람이 살 수 있는 유일한 공간은 우주정류장뿐이에요. 게다가 우주정류장은 곧 사람이 살게 될 달과 화성으로 가기 위한 중간 기지 역할을 하게 될 거예요. 이런 우주정류장과 다른 행성의 기지는 우주 식민지가 될 수도 있어요. 그러면 누가 그 식민지의 주인이 될까요? 우주개발에 관심을 갖고 좋은 결과를 바라는 나라라면, 이런 우주정류장 건설은 놓칠 수 없는 기회죠.

공상과학소설에는 푸른 숲이 있는 우주정류장이 많이 나와요. 거기

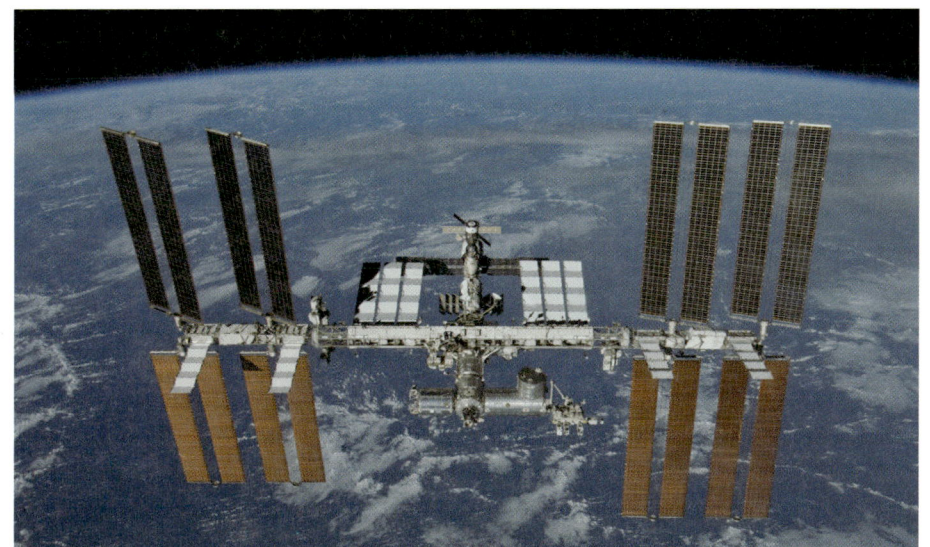

국제우주정류장, ISS

에 살고 있는 사람들이 숨 쉴 산소를 얻고 먹을 곡식을 거두어들이기 위해 만든 것이죠. 정말로 그런 모습을 볼 날이 멀지 않았어요.

우주개발은 '인류의 꿈과 모험 정신의 승리'를 내세운 선진국 정부에 의해 시작되었고, 어느 정도까지는 정부의 힘만으로 일을 할 수 있어요. 그러나 보통 사람들의 관심과 투자 없이는 크게 성장할 수 없는 일이에요. 미르호가 쓰레기 꼴이 되기 바로 전, 일반인들의 투자에 의해 다시 일을 시작한 것을 생각해 보세요. 우주 생산 공장이 돈을 벌어 준다는 확실한 믿음만 있다면, 정부가 아닌 보통 기업들도 우주정류장에 투자를 할 거예요.

아, 그런데 국제우주정류장에서의 가장 큰 어려움이 뭔지 아세요? 바로 '말'이에요. 거기서는 여러 나라 우주인들이 같이 살아야 하기 때문에 같이 쓸 말이 필요해요. 요즘은 영어가 세계 공용어로 쓰이고 있으니 우주정류장에서도 영어를 쓰게 되겠죠? 우주 비행사가 되려면 외국어 몇 개쯤은 해야 하는 세상이 되어 버렸어요.

사람들은 늘 하늘로 가고 싶어 했어요. 그리스신화에 나오는 이카로스는 밀랍으로 붙인 날개를 달고 하늘을 훨훨 날았어요. 그러나 아버지의 말을 듣지 않고 태양에 너무 가까이 가서 밀랍이 녹는 바람에 땅으로 떨어져 죽고 말았죠. 너무 욕심을 부린 탓이에요.

또 성서에는 하늘까지 닿는 바벨탑을 쌓는 사람들의 이야기가 나와요. 이 이야기 역시 나쁘게 끝이 나죠. 신이 화가 나서 바벨탑을 무너뜨리고 사람들이 쓰는 말을 서로 다르게 만들어 버렸다는 거예요. 신은 하늘이 신만의 공간이라고 생각했고, 사람들이 모여 엉뚱한 의논을 하지 못하게 하려고 그랬다는 것이죠.

20세기에 들어서면서 인간들은 정말로 하늘을 날게 되었어요. 뿐만 아니라 우주 공간에서 오랜 시간 동안 살기도 했어요. 그러나 앞의 이야기처럼 지나친 욕심은 항상 끝이 좋지 않아요. 우리 지구인의 우주개발 사업은 과연 어떤 결과를 가져올까요? 아마 우리가 하기 나름일 거예요.

좀 더 깨끗한 우주를 보기 위하여
허블 우주망원경

지구의 땅 위에서 별을 보는 천문학자들에게 가장 거추장스러운 것이 뭔지 아세요? 바로 공기예요.

공기가 없다면 우리는 한시도 살 수 없어요. 사람뿐 아니라 지구에 살고 있는 생물들도 대부분 공기가 없다면 살 수 없죠. 그러나 이 공기가 별을 관측할 때는 아무런 도움을 못 줘요. 어떤 천문학자는 이렇게 말하기도 하죠.

"공기는 숨 쉬는 것 말고는 쓸 일이 없다."

정말 재미있는 말이죠? 이 사람은 관측이 숨 쉬는 것보다 중요하다고 생각하는 모양이에요. 어쨌든 이 말에는 깨끗한 밤하늘을 보고 싶어 하는 천문학자들의 마음이 담겨 있어요.

우리는 별이 반짝인다고 하지만, 지구 대기 밖으로 나가면 별빛은 반짝이지 않아요. 별은 끊임없이 빛을 우리에게 보내오기 때문에 빛이 왔다 안 왔다 하지는 않는 것이죠. 별빛이 반짝이는 것처럼 보이는 것은 공기가 흔들리면서 별빛을 흔들어 놓기 때문이에요.

그러나 화성이나 금성, 토성 같은 행성들은 반짝이지 않아요. 비록 태양빛을 반사할 뿐 스스로 빛을 내진 않지만 행성들은 가까이 있기 때문에 보내오는 빛이 세거든요. 흔들리지 않을 정도로 말이에요.

별빛이 이런 정도이니 아주 뿌옇게 보이는 성운이나 우리 은하 밖에 있는 외부은하는 더욱 보기가 힘들어요.

그래서 천문학자들은 수십 년 전부터 우주에 망원경을 올리는 일을 상상하곤 했어요. 하지만 기술이 부족해서 망원경을 우주에 올려놓을 수 없었지요. 그러다 1990년 역사적인 일이 벌어졌어요. 드디어 공기가 없는 곳으로 망원경을 쏘아 올리게 된 거예요. 만드는 데 20년이 걸렸고, 돈도 2조 원이나 들었죠. 그것이 바로 '허블 우주망원경'이에요.

약 400년 전 천문학은 망원경의 발명과 더불어 큰 발전을 시작했어요. 마찬가지로 지구 대기를 벗어나 우주 공간에 쏘아 올려진 허블 우주망원경은 현대 천문학의 새로운 지평을 열었어요.

공기의 방해를 받지 않고 우주를 마음껏 볼 수 있게 된 허블 우주망원경은 정말 깨끗하고 자세한 우주의 모습을 땅으로 보내왔어요. 천문학자들은 모두 흥분했죠. 이제껏 우리가 알지 못했던 많은 사실들이 밝혀질 것이라고 기대했으니까요.

허블 우주망원경은 사람이 다섯 시간 동안 걸어가야 할 만큼 멀리

허블 우주망원경 허블 우주망원경은 공기의 방해를 받지 않고 우주를 마음껏 관측할 수 있다.

떨어져 있는 곳의 동전도 구분할 수 있어요. 정말 대단하지요? 먼 곳에 있는 물체를 잘 구분할 수 있는 이런 능력을 '분해능'이라고 해요. 허블 우주망원경은 지구인이 만든 망원경 가운데 가장 분해능이 좋은 망원경이지요.

 이런 좋은 분해능 덕분에 우주에 블랙홀이 있다는 확실한 증거도 잡을 수 있었어요. 보통 은하 한가운데에 상상하지 못할 정도로 무거운 블랙홀이 있다고 생각을 했었는데 그것을 보게 된 것이죠. 물론 블랙홀이 바로 보이지는 않아요. 하지만 블랙홀 주변에는 블랙홀로 빠져들어

에드윈 허블

갈 물질들이 밝은 빛을 내고 있어요. 이것을 확실히 보게 된 거예요.

허블 우주망원경의 놀라운 분해능 덕분에 외계 행성을 직접 확인할 수도 있었어요. 이 밖에 별들이 태어나는 모습을 직접 볼 수도 있었고, 꼬물거리는 애벌레 같은 수없이 많은 외부은하도 볼 수 있었죠. 그리고 우리가 볼 수 있는 가장 먼 우주에 있는 성운 퀘이사도 더 정확히 보게 되었어요.

허블 우주망원경은 우리가 볼 수 있는 가장 먼 곳까지 보게 해 주었어요. 그러나 우리가 보지 못하는 그 너머에는 무엇이 있을까요?

정말로 다른 차원의 우주가 있는 것일까요?

참, 여러분, 왜 우주망원경의 이름이 '허블'인지 아세요? 그 이야기를 해 줄게요.

1917년 미국의 천문학자 할로 섀플리(1885~1972)는 태양이 우리 은하의 중심에 있는 게 아니라 변두리에 있다는 사실을 알아내어 사람들에게 충격을 주었어요. 그리고 10년 후에는 에드윈 허블(1889~1953)이 '우주에는 셀 수 없을 만큼 많은 은하들이 있고, 우리 은하는 그 가운데 하나일 뿐이다. 그리고 우주는 지금도 부풀고 있다'고 발표해 또 한 번 사람들을 놀라게 했죠. 우주라고 하면 요 근처에 있는 별이 다라고

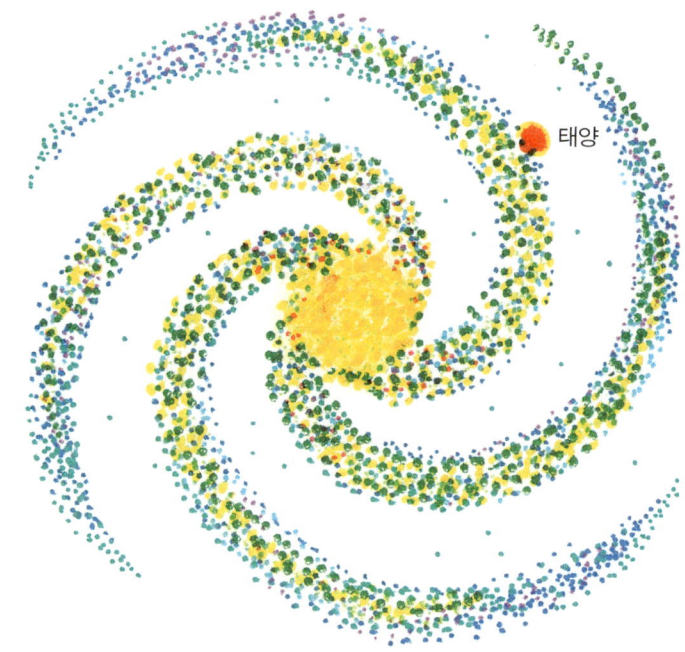

우리 은하에서 태양의 위치 우리 은하에는 별이 줄잡아 1,000억 개나 있다. 붉게 표시된 부분에 태양이 있다. 태양은 우리 은하의 중심에 있지 않고 변두리에 있다.

생각하던 시절, 별이 1,000억 개씩 모여 있는 은하가 셀 수 없이 많다고 했으니 사람들이 놀란 것은 당연한 일이었죠. 허블의 연구 덕에 지구인들이 생각하는 우주는 상상도 할 수 없을 만큼 넓어졌어요.

그 당시 허블은 이름난 천문학자였고 연예인처럼 인기도 많았다고 해요. 그렇다면 왜 우주망원경 이름에 허블이 들어갔는지 짐작할 수 있겠죠?

지구인 허블의 이름을 딴 허블 우주망원경 덕에 우리가 아는 우주는 더욱 넓어졌어요.

우주의 크기는 예나 지금이나 변함이 없어요. 그러나 사람이 느끼는 우주의 크기는 우리가 만든 기계의 성능에 따라 계속 커져 왔어요. 하지만 우리가 우주망원경을 이용해서 알게 된 많은 사실들은 우주에서 일어나는 일들 가운데 아주 작은 부분에 불과해요. 그리고 그 사실들이 모두 진실이 아닐 수도 있어요. 우주에 대해서 좀 알게 되었다고 스스로 만족하기보다 겸허한 마음으로 우리가 속해 있는 우주를 바라보아야 할 거예요.

3부
우리가 갈 수 없는 우주

별들에게도 지문이 있다
H-R도 이야기

여러분은 몰랐을 거예요. 별들에게도 지문이 있다는 것을! 아니, 알고 있었다고요? 음! 그렇다면 모른 척하고 읽어 주길 바라야겠군요.

반짝반짝 빛나는 별들은 색깔을 가지고 있어요. 빨간색, 노란색, 흰색, 파란색 등등. 별들의 색을 보지 못한 사람이 있다면 오늘이라도 나가서 하늘을 보세요. 그래야 이야기가 되니까요.

별들이 내는 색은 위에서 말한 것보다 더 많지만, 다 이야기할 필요는 없을 것 같군요. 말해 봤자 인간의 능력으로는 다 구별하기가 힘드니까요. 사실 인간의 시력은 다른 동물과 견주어 그다지 뛰어나지 않거든요.

별은 냄새도 없고 소리를 내는 것도 아니니, 결국 별에 대한 여러 가지 판단은 별빛을 가지고 해 보는 도리밖에 없겠죠? 어떤 예민한 사람들은 별들이 내는 색깔과 가지고 있는 성질 사이에 어떤 관계가 있을 것이라는 생각을 했어요. 그런 똑똑한 사람들이 세상에 필요하긴 하지만 가끔 원망스러울 때도 있어요. 과학 시험을 볼 때 외워야 하는 것이 하나 더 늘기 때문이죠.

자, 그럼 별들의 색깔과 별들 사이에는 어떤 관계가 있을까요? 그 얘기를 하기 전에 먼저 촛불을 하나 켜 볼까요? 그리고 촛불의 색을 잘 살펴보세요. 촛불의 구조는 그렇게 간단하지 않아요. 심지와 가까운 곳의 불꽃은 빨간색이죠. 불꽃의 가장 바깥 부분은 파란색이고, 빨간색과 파란색 사이에는 노란색도 있어요. 잘 모르겠다고요? 하지만 색이 잘 보이지 않는다고 너무 슬퍼할 필요는 없어요. 우리 눈이 잘 구분을 못 해서 그런 것이지 여러분이 살아가는 데는 아무 문제가 없으니까요.

우리는 미술 시간에 불을 그리라고 하면 빨간색을 칠하죠. 그런데 이것은 불의 입장에서 보면 참 체면 깎이는 일이에요. 불의 색은 온도에 따라 다르게 보이는데, 빨간색은 온도가 낮은 불꽃이 내는 색이거든요. 불하고는 왠지 안 어울리는 파란색 불꽃이 빨간색 불꽃보다 온도가 훨씬 높아요.

20세기 초반, 그러니까 길거리에 자동차와 마차가 같이 다니고 걸어 다니는 사람들이 훨씬 많았던 때, 천문학자들은 별의 색깔과 별의 표면 온도 사이에 깊은 관계가 있다는 것을 알아내었어요. 촛불에서 본 것처럼 '온도가 가장 높은 별은 파란색으로, 그다음은 노란색, 온도가 가장 낮은 별은 빨간색으로 보인다!' 뭐 이런 것이었죠. 이것은 대단한 발

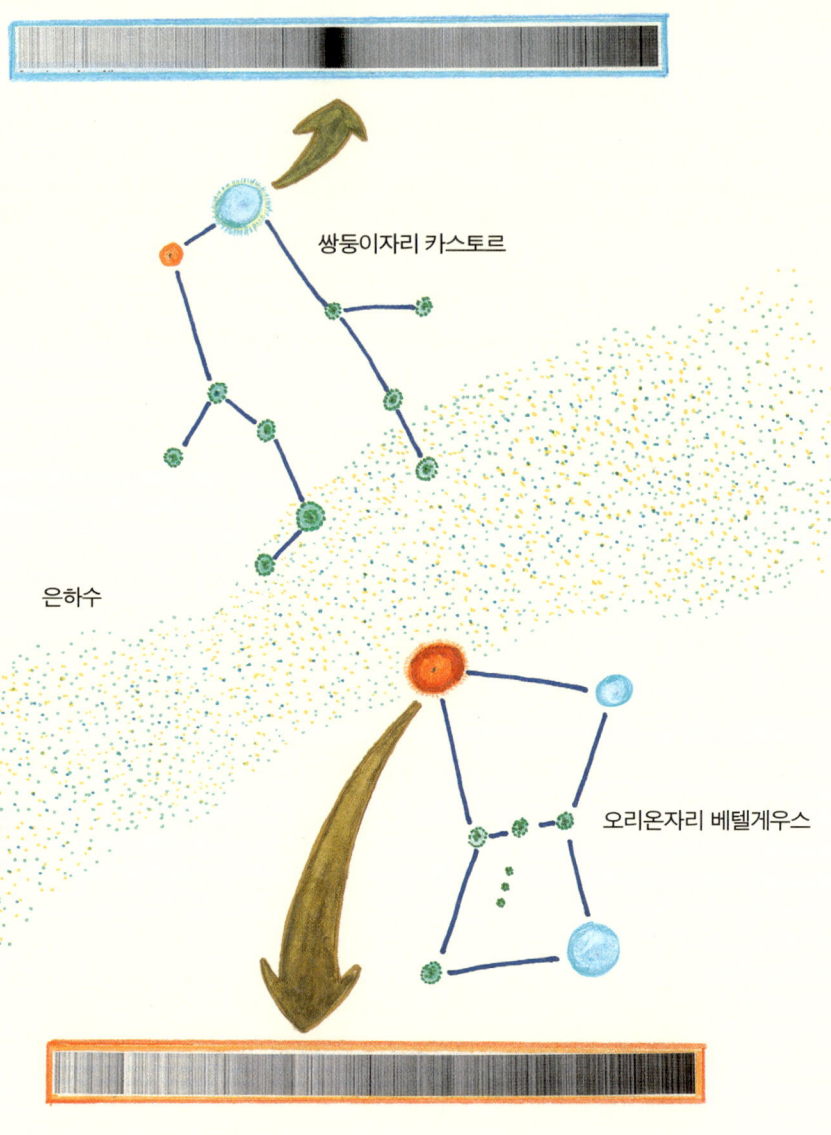

별들의 지문 별마다 다른 줄무늬를 가지고 있다.

견이었어요. 덴마크의 천문학자 에이나르 헤르츠스프룽(1873~1967)과 미국의 천문학자 헨리 노리스 러셀(1877~1957)이 이런 별빛과 표면 온도의 관계를 처음으로 발견한 주인공들이었죠. 이 관계를 그린 그림을 '헤르츠스프룽-러셀도'(H-R도)라고 해요. 그 뒤 천문학자들은 다음과 같이 별을 구분했어요.

'푸른 별은 O·B·A형, 흰 별은 F형, 노란 별은 G형, 주황 별은 K형, 붉은 별은 M형.'

천문학자들은 곧 하늘에 떠 있는 2만 5,000개에 달하는 별들을 색깔별로 분류하는 작업을 시작했어요. 먼저 별빛을 쪼갤 수 있는 '분광기'라는 특수한 카메라로 별을 찍었어요. 그러면 별마다 다른 줄무늬가 나와요. 이것이 바로 '별들의 지문'이 되는 것이죠. 머리카락만큼 가는 선들을 따로따로 구분하는 것은 무척 힘들고 인내심을 필요로 하는 일이었어요. 이 일은 섬세한 여성 천문학자들이 아니면 해내기 힘든 일이었죠. 그 후에 천문학자들은 이렇게 분류된 자료를 바탕으로 여러 가지 연구를 하게 되었어요.

우선 푸른 별과 흰 별은 태양의 무게보다 몇십 배나 무거운 아주 큰 별들로, 온도는 2만 도가 넘어요. 빛과 열을 엄청나게 내뿜고 있는 것이죠. 이런 별들은 빨리 죽어요. 에너지를 빨리 많이 내놓으니까요. 오리온자리에 있는 '리겔'이나 쌍둥이자리에 있는 '카스토르'가 이런 별들이에요.

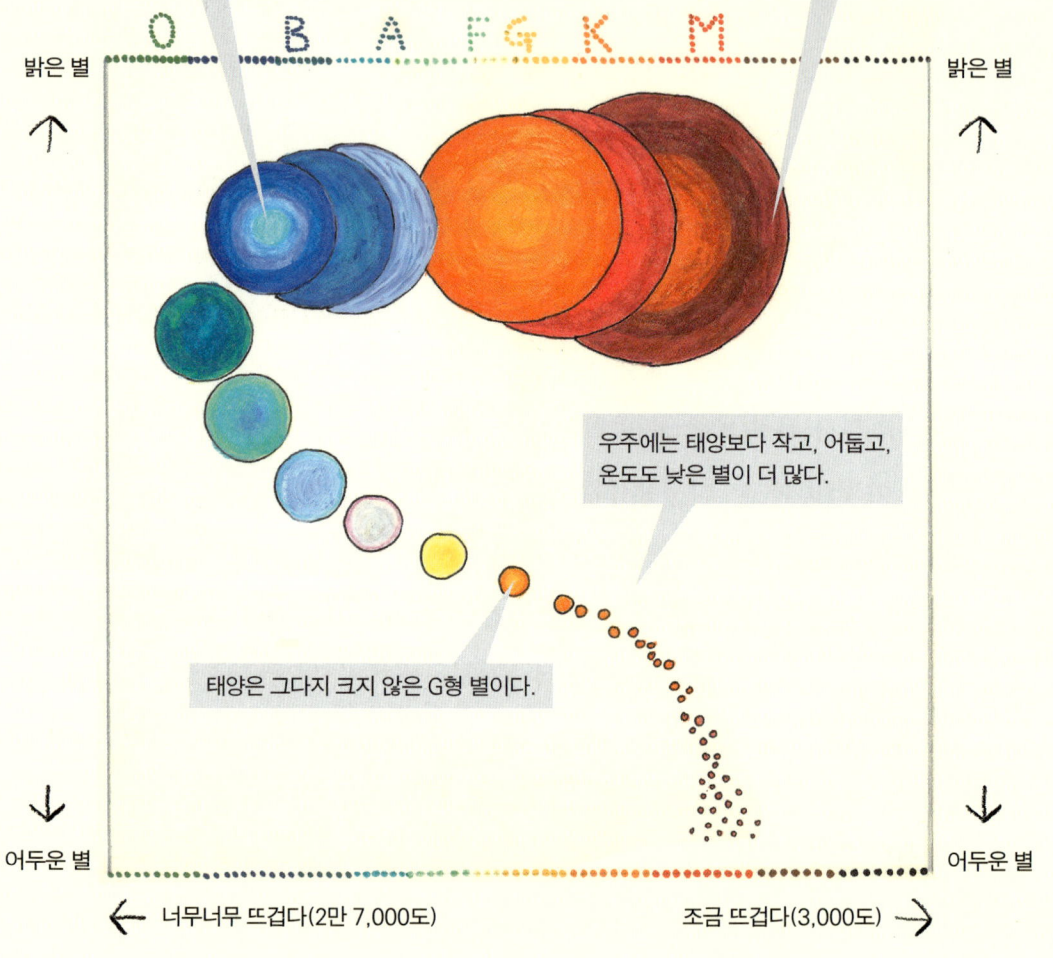

헤르츠스프룽–러셀도(별들의 인구조사) 별들의 색은 온도에 따라 달라진다.

붉은 별들은 두 가지로 나눌 수 있어요. 아주 작고 온도가 낮은 별들과 온도는 낮지만 엄청나게 큰 '거성'들, 이렇게 말이에요. 이 붉은 거성들은 처음에는 온도가 높은 파란색 또는 흰색 별이었는데, 나이가 들어 늙으면서 붉게 변한 것들이에요. 아주 큰 별들은 죽기 직전에 마구 부풀어서 무척 큰 별이 돼요. 오리온자리에 있는 '베텔게우스'라는 붉은 별을 태양과 포개 놓고 비교해 보도록 하죠.

베텔게우스는 태양보다 더 큰 것은 물론이고, 태양을 돌고 있는 지구가 만드는 원보다도 더 커요. 정말 엄청나지요? 별이 낼 수 있는 에너지에는 한계가 있는데, 이렇게 자꾸 커지니 당연히 온도는 내려가겠죠. 그래서 붉게 보이는 거예요.

그럼 이쯤에서 태양 이야기를 해야 할 것 같군요. 우리는 아무래도 태양 공화국 지구 방위대(?) 소속 시민들이니, 우리의 빛인 태양에 대해 궁금한 것은 당연한 일이죠.

그런데 조금 자존심 상하지만 태양은 그리 큰 별도 아니고 밝은 별도 아니에요. 더 솔직히 말하자면, 표면 온도가 그렇게 높지도 않죠. 한 6,000도 정도인 노란색 별이거든요. 앞에서 이야기한 기준에 따르면 태양은 G형이 되죠. 물론 6,000도는 아주 높은 온도예요. 포항제철소에서 철광석을 녹이려면 도가니를 1,000도 이상 가열해야 하는데, 그 뜨거움은 텔레비전으로 보는 것만으로도 느껴질 정도니까요.

G형 별은 온도나 크기가 평균에 가까운 별이에요. 하늘을 보면 태양

보다 밝고 뜨거운 별들이 많이 보이죠. 그런데 사실 태양보다 작고 어두운 별들도 많이 있어요. 이런 어두운 별은 우리 눈에 띄기가 어렵기 때문에 잘 안 보일 따름이죠.

텔레비전에 나와 인기를 한 몸에 받는 '스타'들보다 평범한 삶을 사는 사람들이 더 많지요? 그것처럼 우주에도 눈에 잘 보이지는 않지만 조용히 존재하는 별들이 더 많답니다. 그리고 먼 우주로 나가면 G형 별인 우리 태양도 그런 별들 가운데 하나예요.

돌고 도는 별들의 죽살이
별의 진화

　내가 죽으면 무엇이 남을까요? 너무 어려운 질문이라고요? 그러나 답은 간단해요. 죽어서 땅에 묻힌 몸은 많은 미생물들에 의해 분해되지요. 그리고 흙으로 녹아들어 빗물이나 눈 녹은 물이 흐를 때 같이 떠내려가 어느 식물의 양분이 돼요. 소는 식물인 풀을 먹고 살고, 사람은 풀과 고기를 다 먹어요.

　결국 내 몸은 지구에 살았던 모든 생물들과 어디서 왔는지 알 수 없는 여러 가지 물질들로 이루어졌다고 해도 지나친 말이 아니에요. 우리 몸을 이루고 있는 분자들이 모두 어디에서 왔는지 추적할 수 있다면 참 흥미로운 사실을 알게 될 거예요. 분자 몇 개는 먼 과거에 살았던 공룡의 것이기도 했고, 그전에는 바다에 살던 식물의 것이기도 했고, 더 먼 과거에 생긴 박테리아의 일부이기도 했을 테니까요. 반대로 내가 죽으면 작은 물질로 분해되어 여러 생물들의 일부가 돼요.

그런데 이렇게 돌고 도는 물질의 근원은 어디일까요? 우리 몸을 이루고, 땅을 이루고, 바다를 이루는 이 물질들은 어디에서 온 것일까요? 너무 복잡하다고요? 그러나 이 대답도 간단해요. 바로 별이에요.

다음 이야기를 읽기 전에, 우리는 우주의 일부이며 우주는 137억 년 전에 생겼지만 태양과 지구의 나이는 겨우 45억 년 정도라는 것을 기억해야만 해요.

우주 초기에는 우리 몸을 이루는 복잡한 물질들이 없었어요. 넓은 우주에 있는 것이라곤 수소 정도였지요. 풍선에 들어가 풍선을 둥둥 뜨게 만드는 수소 말이에요. 이 수소 가스가 뭉쳐서 별이 되었고, 수소가 둘씩 합쳐져서 타면서 빛이 나게 되고 새로운 물질들이 만들어지기 시작했어요. 별의 몸속에서 만들어지는 이런 새로운 물질들이 몇십억 년이 지나서 우리 몸의 일부가 되었지요. 이쯤 되면 사람들은 물을 거예요. '어떻게?'라고. 그 답을 구하려면 별들의 죽고 사는 모습을 잘 살펴볼 필요가 있어요.

별이 태어나서 살다가 죽는 모습을 옆에서 지켜본 사람은 아무도 없어요. 왜냐하면 별은 짧게는 몇백만 년, 길게는 수백억 년씩 사는데, 우리 사람들은 아무리 오래 살아도 100년 정도밖에 살 수 없기 때문이죠. 그러나 세상에는 보지 않은 것도 본 것처럼 알아내는 재주를 가진 머리 좋은 사람들이 있어요. 수학과 물리 그리고 밤새워 별 보기를 좋아하는 이 사람들은 밤하늘에 망원경을 들이대고 열심히 사진을 찍어 별이 어떻게 태어나는지, 어떻게 사는지, 마지막으로 어떻게 죽는지를 알아냈어요.

별들의 죽살이를 있는 대로 이야기하자면 원고지가 수백 장 있어도 모자라겠지만, 우리는 지금 우리의 몸이 별로부터 만들어졌다는, 어찌 보면 황당한 이야기를 하고 있으니까 별들의 죽살이를 그 점에 맞추어 이야기하겠어요.

별들은 무게에 따라 죽고 사는 것이 좀 달라요. 그러나 크든 작든 처음에는 모두 수소가 뭉쳐서 별이 되었다는 것은 확실해요.

그럼 먼저 큰 별들이 어떻게 살다가 죽는지 알아볼까요?

큰 별들은 자기가 가지고 있는 수소를 마음껏 불태우면서 엄청나게 밝게 빛나요. 동시에 수소가 타면서 다른 가스와 금속이 생기죠. 우주 초기에는 없던 물질이 큰 별들의 몸속에서 만들어지는 거예요. 그리고 최후의 순간이 오면 무시무시하게 폭발하면서 자신이 살아 있는 동안 만들어 놓은 새로운 물질들을 온 사방에 뿌려요. 사람도 죽을 때 가진 것을 모두 내놓고 죽으면 얼마나 좋을까요?

이런 별들의 죽음이 가치가 있는 것은 죽은 별들의 찌꺼기 한구석에서 다시 새 별들이 생기기 때문이에요. 새로 생긴 아기 별의 몸속에는 죽은 별이 만들어 놓은 물질들이 들어 있어요. 결국 먼저 살다 죽은 별이 뿌려 놓은 찌꺼기를 새 원료로 삼아 그 속에서 다시 아기 별이 생겨나는 것이죠. 새로 태어난 2세 별들은 1세 별들과는 또 다른 삶을 살

큰 별의 최후 황소자리에 있는 게성운. 프랑스 천문학자 샤를 메시에는 이 성운이 혜성인 줄 알고 발표했다가 망신을 당했다.

아요. 별을 만드는 데 쓰인 물질이 다르기 때문이죠.

 태양은 바로 2세대 별이에요. 우주가 아주 젊었을 때 만들어진 큰 별들이 대폭발을 일으키며 죽은 뒤, 그 찌꺼기 속에서 태어났어요. 태양이 되고 남은 물질들은 태양의 행성이 되었어요. 그 가운데 생명이 생기기에 충분한 물을 지니고 태양과 적당한 거리에 떨어져 있었던 지구에서 생물이 생긴 것이죠. 그리고 그다음은 다 알듯이 여러 차례 진화를 거듭해서 인간이 나타났어요.

이제 좀 이해가 가지요? 왜 우리가 별의 자식들이라고 하는지. 태양도, 지구도, 지구에 살고 있는 모든 생물들도 다 별이 남겨 놓은 찌꺼기에서 생겨난 거예요.

이제 작은 별들 이야기를 해 볼까요? 작은 별들은 가지고 있는 수소를 조금씩 꺼내서 불태워요. 그래서 큰 별과 작은 별은 같이 태어났다 하더라도 작은 별이 훨씬 오래 살아요. 큰 별들은 짧고 굵게 살지요. 큰 별들이 몇 세대를 거듭해서 죽고 태어나는 동안에도 작은 별들은 죽지 않고 빛을 내다가 죽을 때도 조용히 죽어요.

우리 태양은 작은 별에 들어요. 태양이 작아서 실망했나요? 그러나 그렇게 생각할 필요 없어요. 태양이 오래 버티기 때문에 오늘 우리가 있는 거니까요. 태양이 커서 수명이 40억 년도 안되었더라면 우리는 이 우주에 나타날 수 없었어요.

별들이 죽고 사는 이런 과정은 인간의 모습과도 무척 닮았어요. 부모의 세대와 나의 세대가 다른 것, 그것은 당연한 일이죠. 태어나는 것, 자라는 것이 모두 다른 환경에서 이루어지기 때문이에요. 먼저 살다 간 사람들이 좋은 환경을 이루어 놓으면, 다음에 살 사람들은 좋은 환경에서 살게 되겠죠? 하지만 먼저 살던 사람들이 너무 욕심 부리고 자연의 질서를 파괴하면, 다음 세대 사람들은 어렵게 살 수밖에 없을 거예요.

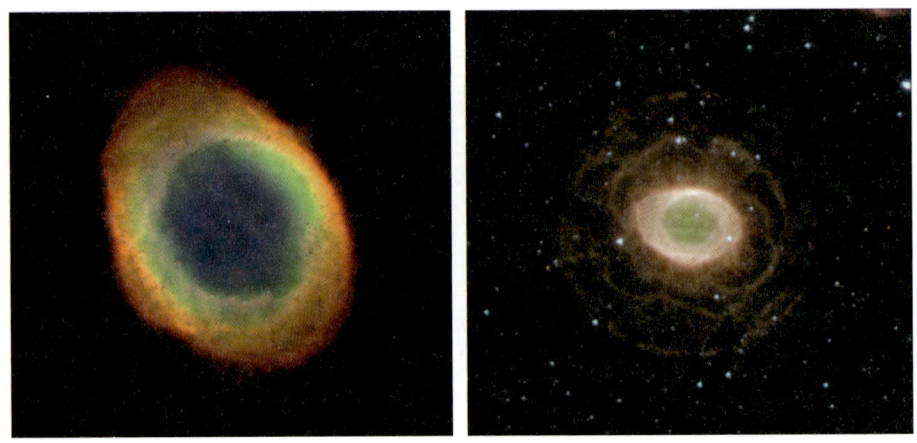

작은 별의 죽음 가운데 파란 별이 죽을 때, 겉의 물질이 날려 반지 모양의 성운이 되었다.

　별과 인간은 많이 닮았지만 분명히 다른 것도 있어요. 별은 절대 인간처럼 욕심을 부리지 않아요. 주어진 대로 열심히 살다가 다음에 태어날 별들을 위해 자신의 몸을 기꺼이 내놓고 가죠.
　우리의 몸은 어떤 별의 찌꺼기에서 생겨났고, 우리가 땅속에서 파내는 수많은 광물과 그것으로 만드는 각종 물건들, 이를테면 자동차나 비행기 그리고 사람들이 너무나 가지고 싶어 하는 돈조차도 어떤 별이 뿌려 놓은 물질로부터 왔어요. 이 모든 것은 50억 년 뒤 태양의 죽음과 함께 우주 공간으로 산산이 흩어져서 새 별의 원료가 될 거예요.

블랙홀을 찾아라
블랙홀 이야기

　우주에서 가장 흥미로운 천체는 뭐니 뭐니 해도 블랙홀일 거예요. 무엇이든 빨아들이는 무시무시한 블랙홀. 과연 블랙홀 속으로 들어가면 무슨 일이 벌어질까요? 가장 좋은 방법은 실험맨을 블랙홀로 들여보낸 뒤 보고 느낀 것을 말하라고 하는 것인데, 불행하게도 이 방법은 쓸 수 없어요. 블랙홀로 들어간 실험맨은 작은 소립자들로 분해되어 신호라는 것을 보낼 수 없고, 만약 마지막 순간에 안간힘을 쓰고 신호를 보냈다 하더라도 그 신호가 블랙홀을 빠져나올 수 없기 때문이죠. 무엇이든 삼키는 천체, 빛까지도 삼켜 검은 천체, 너무 검어서 어두운 우주에서 도저히 알아볼 수 없는 천체, 그래서 이름도 블랙홀 아니겠어요?

　블랙홀은 무엇으로 만들어졌기에 이렇게 무서운 힘을 가지고 있는 걸까요? 사실 블랙홀을 만드는 특수한 물질이 우주에 있는 것은 아니에요. 우리 태양도 축구공만 하게 압축할 수만 있다면 블랙홀이 될 수

블랙홀은 모든 것을 빨아들인다

있고, 지구를 완두콩만 한 공간에 욱여넣을 수만 있다면 블랙홀이 될 수 있죠. 문제는 아무도 태양과 지구를 그렇게 작게 만들 수 없다는 거예요. 태양과 지구가 블랙홀이 되려면 스스로 압축해서 그 무게를 그대로 간직한 채 크기만 작아져야 해요. 그래야 상상도 할 수 없는 커다란 중력이 생겨 비로소 블랙홀이 되는 거예요. 이런 일은 태양보다 수십 배 이상 큰 별들만 할 수 있어요. 태양과 지구는 처음부터 너무 가벼워 블랙홀이 될 수 없는 거죠.

키가 크고 작은 사람이 있고, 몸무게가 많이 나가고 적게 나가는 사람이 있는 것처럼 블랙홀도 크기가 모두 달라요. 크기가 다르다는 것은 질량, 곧 무게가 모두 다르다는 뜻이에요. 태양보다 몇 배는 무거운 작은 블랙홀은 여러 가지 방법으로 주변에 있는 별을 먹어 치워요. 만약 태양이 두 개인 쌍성계에서 하나가 블랙홀이라면 그 블랙홀은 짝꿍 별인 동반성이 늙어서 거성이 될 때까지 참을성 있게 기다려요. 동반성이 거성이 되어 거죽이 부풀기 시작하면 블랙홀은 기다렸다는 듯이 한 꺼풀씩 야금야금 동반성을 먹어 치워요. 결국 동반성은 작은 핵만 남기고 자기 몸을 전부 다 잃어버리고 말아요. 동반성을 먹어 치우고 난 뒤 먹을 것이 없어진 블랙홀은 또 기다려요. 흡수할 만한 별이 자기 옆을 지나가길 기다리는 거예요. 마치 풀숲 사이에 몸을 숨기고 먹잇감이 지나가길 기다리는 사자 같지요? 다른 점이 있다면 사자는 사냥에 실패하는 때가 있지만 블랙홀은 절대 실패하지 않는다는 거예요.

  작은 블랙홀은 먹이가 지나가길 기다리지만 커다란 블랙홀은 너무나 큰 중력 때문에 그냥 가만히 있어도 별들이 끌려 와요. 별이 1,000억 개 모여 있는 우리 은하 중심부에는 태양보다 400만 배 무거운 어마어마한 블랙홀이 있어요. 지구가 태양 둘레를 돌듯 태양은 블랙홀 주변을 돌고 있지요. 은하 중심 가까이에 있는 별들은 필사적으로 블랙홀 주변을 돌고 있어요. 그 별들의 몸은 원치 않아도 블랙홀로 빨려 들어가는데 하수구로 물이 빠질 때 소용돌이치듯 별들로부터 나온 기체도 소용돌이치면서 블랙홀로 빨려 들어가요. 이때 빨려 들어가는 속도가 어찌

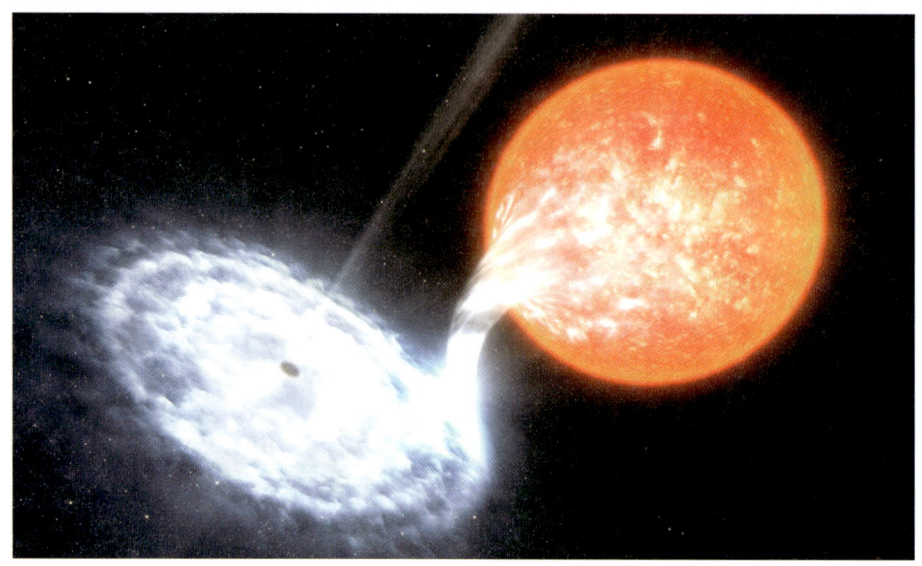

동반성을 먹어 치우는 블랙홀 블랙홀이 옆에 있는 늙고 붉은 별을 빨아들이고 있다. 블랙홀은 동반성의 거죽이 부풀어 거성이 될 때까지 참을성 있게 기다린다.

나 빠르고 마찰이 큰지 온도가 수백만 도까지 올라가고 여기에서 엄청나게 밝은 빛이 나지요. 그 빛은 블랙홀로 빨려 들어가는 기체들이 내놓는 마지막 비명이라고 할 수 있어요. 그러나 이 빛 덕분에 우리는 블랙홀의 존재를 확인할 수 있어요. 블랙홀을 직접 볼 수는 없지만 강한 에너지를 가진 이 빛들로부터 블랙홀의 위치와 크기를 알아내는 거죠.

우리 은하와 가장 가까이에 있는 안드로메다 은하 중심에는 태양보다 3,000만 배 무거운 블랙홀이 자리 잡고 있어요. 안드로메다의 별들 역시 이 블랙홀을 중심으로 돌고 있죠. 'M87'이라는 멋없는 이름을 가진 은하 중심에는 태양보다 10억 배나 무거운 블랙홀이 있어요. 이 말은 안드로메다 은하나 M87은 우리 은하보다 훨씬 무겁고, 훨씬 더 많은 별을 갖고 있으며, 우리 눈에는 보이지 않는 물질을 더 많이 가지고 있다는 말과 같아요. 힘 있는 사람 주변에 더 많은 사람이 꼬이고 덩치 크고 사냥 잘하는 사자가 식구를 더 많이 거느리는 것과 같죠.

우리 태양이 크지도 않은 평범한 별인데다 은하 중심도 아닌 변두리에 있는 것도 서러운데, 우리 은하까지 그리 크지 않은 평범한 은하라니 자존심이 상하나요? 그러나 태양이 더 크지 않았기 때문에 우리가 생겨날 수 있었고, 은하 중심에서 멀리 있기 때문에 블랙홀에 빨려 들어갈 염려가 거의 없다는 걸 생각해 보세요. 좀 위로가 되지요?

저 별이 몇 개로 보여?
이중성 이야기

"저기 저 별이 몇 개로 보이지?"

"두 개요."

"합격! 다음 사람."

로마 시대의 병사들과 아라비아인들은 시력검사를 할 때 북두칠성을 이용했대요. 별 일곱 개가 모여 커다란 국자 모양을 한 별자리 알죠? 남들도 다 볼 수 있는 커다란 별자리를 보는 게 무슨 시력검사가 되느냐고요? 아아, 시력검사를 할 때 쓰인 것은 별자리 전체가 아니고, 국자의 손잡이 끝에서 두 번째에 있는 '미자르'라는 별이에요.

미자르를 자세히 보면 별이 두 개라는 것을 알 수 있어요. 물론 눈이 나쁜 사람은 아무리 열심히 봐도 두 개로 보이지 않죠. 그래서 시력검사 방법으로 쓰이는 것이 아니겠어요?

사람들은 미자르 옆에 붙어 있는 작은 별에게 '알코르'라는 이름을

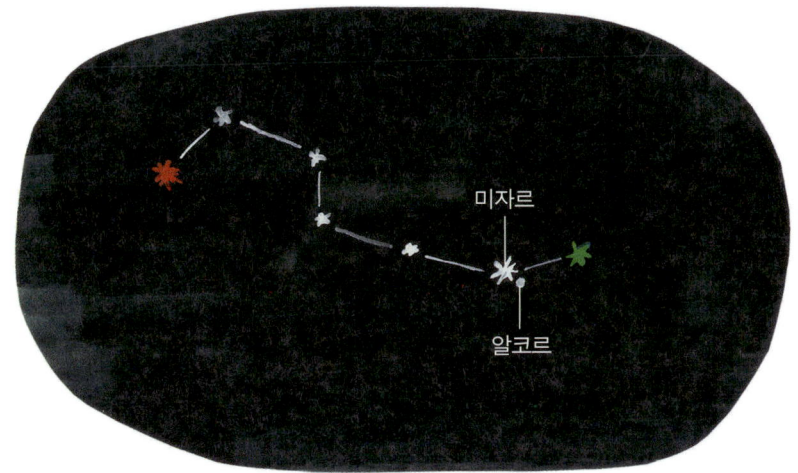

북두칠성 중의 하나인 알코르와 미자르

붙여 주었어요. 그리고 미자르와 알코르는 쌍둥이별이라고 생각했어요. 그러나 많은 시간이 흐른 뒤 천문학자들은 미자르와 알코르는 우리가 보기에 같은 자리에 있는 것처럼 보일 뿐, 알코르는 미자르보다 훨씬 멀리 떨어져 있는 별이라는 것을 알게 되었죠. 그리고 좀 더 좋은 망원경이 생겨서 알아보니, 미자르는 하나의 별이 아니라 두 개의 별, 두 별이 아주 가까이 붙어 있는 쌍둥이별이라는 것이 밝혀졌어요.

이 우주에 있는 별들 가운데 반 이상은 미자르처럼 두 개 또는 그 이상이 같이 태어나 같이 다니는 '쌍성'들이에요. 태양같이 홀로 있는 별이 오히려 이상한 것이지요.

『백두산 이야기』(류재수 지음, 보림 2009)라는 그림책에 보면, 처음 세상이 생겨났을 때 신이 세상을 반으로 갈라 땅과 하늘이 생기게 했는데, 그 바람에 해도 두 개, 달도 두 개가 되었다고 하는 이야기가 나와요. 그리고 영화「스타 워즈」에서는 주인공이 해가 두 개 있는 행성에 살고 있어요. 우주에서는 앞서 말한 그림책이나 영화에서와 같이 해가 두 개 이상씩 있는 것은 흔한 일이에요.

그럼 더 이상한 별 이야기를 한번 해 볼까요? 겨울에 볼 수 있는 별자리 가운데 쌍둥이자리가 있어요. 이 쌍둥이자리에는 '카스토르'와 '폴룩스'라고 하는 밝은 별이 두 개 있지요. 카스토르와 폴룩스는 그리스신화에 나오는 쌍둥이 형제의 이름이기도 해요. 이 가운데 카스토르는 아주 복잡한 쌍성이에요. 처음에 사람들은 카스토르가 두 개의 별로 이루어져 있다고 생각했어요. 그런데 자세히 보니 별이 두 개가 아니라 세 개였어요. 게다가 이 세 개의 별들 하나하나가 모두 쌍둥이별이었다지 뭐예요. 결국 카스토르는 여섯 개의 별이 모여서 서로 짝을 지어 돌며 같이 지내고 있는 것이었어요. 그런 곳에 생물이 사는 행성이 있다면, 그 행성에 사는 외계인에게는 해가 여섯 개나 되는 셈이지요. 이런 행성에서는 밤이 없을지도 몰라요.

「전설의 밤」(아이작 아시모프, 1941)이라는 공상과학소설을 보면, 해가 여섯 개나 되는 행성 이야기가 나오는데 그곳에는 밤이 없다고 해요. 그러나 2,050년에 한 번씩 여섯 개의 해가 모두 겹쳐져서 '식' 현상이

땅콩 모양의 해가 뜨는 행성 이 별들은 너무 가까이 붙어 있어서 땅콩 모양이 되었다. 이 행성에는 공기가 없어서 해가 떠도 별이 보인다. 우주에 있는 별 가운데 절반 이상은 쌍둥이다.

일어나는데, 이때가 바로 밤이 되는 날이지요. 이 행성 사람들은 2,050년에 한 번 맞이하는 이 캄캄한 날 세상이 멸망한다는 예언 때문에 세상을 어둡게 하지 않으려고 행성 여기저기에 불을 질러요. 그 불 때문에 그들의 문명은 2,050년을 주기로 파괴되었다가 살아나고요.

어떤 쌍성은 숫자 8을 옆으로 뉘어 놓은 것같이 생긴 것도 있어요.

이 별들은 가지고 있는 물질을 서로 주고받기도 하지요. 이렇게 가까이 붙어 있는 쌍성들은 가끔 두 별의 운명이 바뀌는 수가 있어요. 무슨 소리냐고요? 바로 이런 거예요.

보통 작은 별은 큰 별보다 오래 살아요. 그런데 작은 별과 큰 별이 한 쌍을 이루면, 작은 별도 오래 살지를 못해요. 큰 별의 물질이 작은 별로 옮겨 와서 작은 별이 그만 큰 별처럼 돼 버리는 거예요. 큰 별의 물질이 너무 갑자기 작은 별로 몰리면 폭발하는 수도 있어요. 그러니까 모름지기 짝을 잘 만나야 한다니까요. 그나저나 그곳에 생명체가 사는 행성이 있다면, 그들은 재미있는 태양을 보며 살 거예요.

지구에 사는 생명체는 오로지 태양이 주는 빛 에너지에 의존해서 살아가고 있어요. 그러다 보니 자연스럽게 태양을 숭배하는 종교들이 생기게 되었고, 나아가 '오직 하나의 신' 또는 '가장 좋은 것 하나' 그리고 '이것 아니면 저것' 같은 가치관을 가지게 되었지요.

그러나 목성이 조금만 더 컸다면 스스로 빛을 냈을 것이고, 그렇게 되었다면 우리는 태양이 두 개인 행성에 살게 되었겠죠. 영화 「스타 워즈」에서처럼 말이에요. 그랬다면 지구인의 생활과 생각도 오늘날과는 많이 다를 거예요. 태양이 둘이니 '오직 하나의 태양신'은 의미가 없을 거예요. 해도 두 개, 달도 두 개인 세상에서는 '가장 좋은 것 하나'만을 쳐주는 가치관이 좀 달라질 수 있겠다는 생각은 지나친 것일까요?

악마의 별
변광성 이야기

고대 사람들은 하늘에 있는 것은 모두 완벽한 신을 닮았다고 생각했어요. 그렇게 생각하기에 하늘은 조금도 모자람이 없었죠. 사실 별 사이의 거리도 시간이 오래 지나면 바뀌지만, 아주 조금씩 바뀌기 때문에 눈으로 그것을 알아내기란 쉽지 않거든요. 어찌 되었든 하늘에 있는 별은 절대 변하지 않는 '바탕 화면'이라고 생각했어요.

그러던 어느 날 사람들은 페르세우스자리에 있는 별 가운데 하나가 사흘에 한 번씩 눈에 띄게 갑자기 어두워졌다가 다음 날이면 다시 밝아진다는 것을 알게 되었어요. 자리와 밝기가 변하지 않는 별, 아니, 변해서는 안 되는 별이 변하다니! 옛날 사람들의 생각으로는 이렇게 별의 밝기가 규칙적으로 변하는 것은 있을 수 없는 일이었어요. 사람들은 악마만이 이런 일을 할 수 있다고 생각했죠. 그래서 그 별의 이름은 '알골'이 되었어요. 바로 악마라는 뜻이었죠.

페르세우스자리 왼손으로 메두사의 머리를 들고 있고, 소식의 신인 헤르메스가 준 날개 달린 신을 신고 있다. 메두사의 머리 부분에 있는 별이 '알골'이다.

알골은 쌍둥이별이었어요. 하나는 어둡고 하나는 밝은 두 별이 서로 마주 보고 사흘에 한 바퀴씩 돌고 있죠. 돌다가 어두운 별이 밝은 별을 가리면 밝은 별의 빛이 가려 어두워졌던 거예요. 바로 '식'이 일어난 것이죠. 일식, 월식처럼 말이에요. 이렇게 밝기가 변하는 별들을 '변광

헨리에타 스완 리비트

성'이라고 부른답니다.

모두 변하지 않는 것처럼 보이지만 하늘에는 밝기가 주기적으로 변하는 별들이 많이 있어요. 알골같이 쌍둥이별이라서 밝기가 변하는 별들도 있고, 저 혼자서 커졌다 작아졌다 변덕을 부려 밝기가 변하는 별들도 있어요. 변광성은 두 가지 종류가 있는 셈이죠.

'세페이드 변광성'이라고 불리는 이 변덕쟁이 별들은 나이가 좀 많은 별들이에요. 사람도 나이가 들면 몸이 약해지는 것처럼 별들도 젊은 시절이 지나면 몸속이 불안해져요. 그래서 몸이 마구 부풀죠. 몸이 마구 부풀면 별의 몸이 차가워져요. 그러면 다시 줄어들죠. 우리도 추우면 몸을 웅크리잖아요? 그런데 별의 몸이 줄어들면 몸 안에서 열이 생겨서 다시 뜨거워져요. 그럼 다시 몸이 부풀죠. 부풀다 식으면 또 줄고, 이렇게 반복하는 거예요. 그러다 별 속에 더 이상 태울 것이 없으면 별은 죽고 말아요.

이렇게 줄었다 늘었다 반복하니, 우리가 멀리서 보기에는 별이 밝아졌다 어두워졌다 하는 것처럼 보이는 거예요. 이런 세페이드 변광성을 열심히 보던 천문학자 헨리에타 스완 리비트(1868~1921)는 재미있는 발견을 했어요. 세페이드 변광성의 원래 밝기와 변광 주기 사이에 어떤

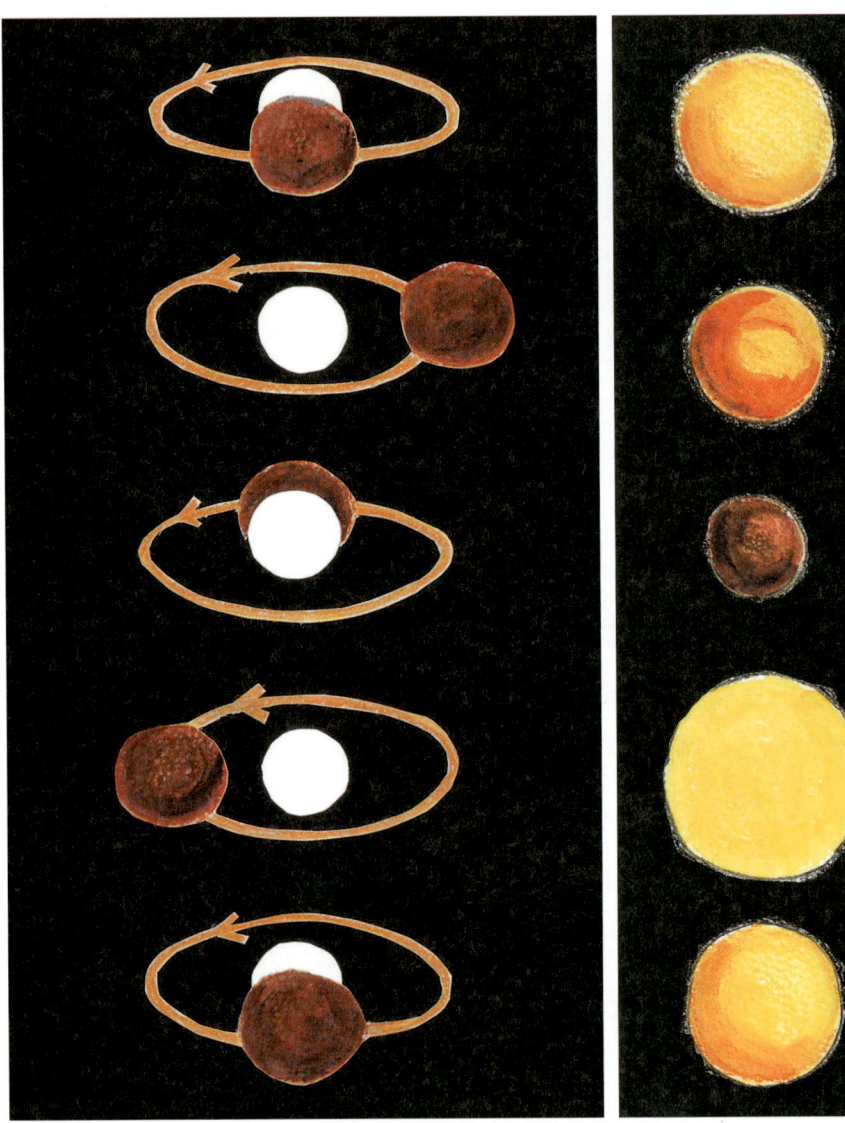

알골형 변광성 하나는 어둡고 하나는 밝은 두 별이 서로 마주 보고 돌고 있다.

세페이드 변광성 혼자서 작아졌다 커졌다 한다.

관계가 있다는 것을 알아낸 거예요. 즉 변광성의 원래 밝기가 밝으면 오랜 시간에 걸쳐 밝기가 변하고, 원래 밝기가 어두우면 빨리 어두워졌다 밝아지기를 반복한다는 것이었어요.

그것을 알고 나니, 며칠에 걸쳐 별빛의 밝기가 변하는지를 관측하기만 하면 그 세페이드 변광성의 원래 밝기를 알아낼 수 있게 되었어요.

우리는 별의 원래 밝기를 알기가 어려워요. 왜냐하면 별은 지구로부터 너무나 먼 곳에 있어서 원래 밝기보다 어둡게 보이기 때문이죠. 그러나 리비트의 발견 덕에 우리는 세페이드 변광성의 원래 밝기를 알 수 있게 되었어요.

이렇게 변광성의 원래 밝기를 알아내자 천문학자들은 멀리 떨어진 외부은하까지의 거리를 잴 수 있게 되었죠. 많이 어두워질수록 더 멀리 있다는 간단한 원리를 이용한 것이에요.

그 결과 외부은하는 생각보다 훨씬 멀리 있는 천체이고, 우주는 상상했던 것보다 훨씬 크다는 것을 알게 되었어요. 이제 사람들이 아는 우주는 더 넓어졌어요. 우주의 크기는 늘 변함이 없지만, 관측하는 기술과 그것을 해석하는 능력이 발달하면서 우주의 크기는 계속 커져 왔어요. 아니, 큰 우주를 이제야 제대로 알게 된 것이죠.

하지만 지금 우주에 대해서 알고 있는 것이 우주의 진짜 모습은 아닐 수도 있어요. 과거에도 그랬고 지금도 그렇듯이 미래에도 우리가 알고 있는 사실들은 늘 바뀔 거예요.

운이 없었던 천문학자 메시에
메시에 목록 이야기

프랑스 천문학자 샤를 메시에(1730~1817)는 혜성을 찾는 데 평생을 보낸 사람이었어요. 하지만 늘 운이 따르질 않았죠. 이제부터 하는 이야기를 들어 보면 왜 메시에를 운이 없는 사람이라고 하는지 알 거예요.

메시에는 날마다 열심히 관측을 해서 천문학자 핼리가 다시 돌아올 것이라고 예언한 핼리 혜성을 가장 먼저 찾았어요. 하지만 메시에가 다시 돌아온 핼리 혜성에 대해 사람들에게 이야기하려고 하자, 천문대의 윗사람이 발표를 못 하게 하지 뭐예요. 메시에와 윗사람이 옥신각신하는 사이에 어떤 사람이 핼리 혜성을 찾았다고 발표를 해 버렸어요. 뒤늦게 '내가 먼저 핼리 혜성을 찾았다'고 발표한 메시에는 웃음거리가 되고 말았죠. 한번은 황소자리에 있는 게성운이 혜성인 줄 알고 발표했다가 또 창피만 당했어요.

이런 일도 있었어요. 하루도 거르지 않고 혜성만 찾느라 집안을 잘

샤를 메시에

돌보지 않던 메시에는 급한 연락을 받았어요. 부인이 위독하다는 소식이었죠. 아무리 혜성이 좋아도 부인이 죽어 간다는데 그냥 있을 수만은 없잖아요? 메시에는 부리나케 집으로 달려갔어요. 늦지 않게 집으로 간 덕에 부인의 마지막 모습을 옆에서 지킬 수 있었지요. 그런데 그날 저녁 새로운 혜성이 나타난 거예요. 그 혜성은 다른 사람이 발견해서 발표해 버리고 말았죠. 하필 그날 혜성이 나타나다니! 메시에는 그 전날까지 하루도 빠지지 않고 관측을 했는데 말이에요.

어때요? 이 정도면 운이 없다고 해도 되겠죠?

메시에는 속이 상해 견딜 수가 없었어요. 이렇게 노력을 하는데 운이 따라 주지 않다니. 그동안 노력한 것에 비해 메시에가 얻은 것이라고는 '뒤늦게 자기도 찾았다고 주장하는 천문학자' '혜성도 아닌 것을 혜성이라고 우기는 사람' '정말이지 운이 없는 사람'과 같은 소문들뿐이었어요.

그러던 어느 날 메시에는 혜성과 헷갈리는 천체들의 목록을 만들기로 마음먹었어요. 메시에는 희뿌옇게 보이지만 혜성은 아닌 천체들을 열심히 찾았죠. 날마다 밤하늘을 보며 잘 구분하기 힘든 희뿌연 천체들을 찾아 하나하나 기록하는 일은 여간한 참을성이 없다면 해낼 수 없는 일이었어요.

　메시에가 이렇게 힘든 일을 한 까닭은 오직 하나, 앞으로 혜성을 찾을 때 헷갈리지 않게 하기 위한 것이었어요. 혜성은 늘 멋진 꼬리를 휘날리며 오는 것이 아니라 희미하게 보이는 경우가 더 많거든요. 목적은 아주 단순했죠.

　오랜 관측 끝에 1784년에야 메시에는 103개의 천체를 모은 '메시에 목록'을 펴냈어요. 그런데 메시에 목록의 첫 번째 천체인 M1이 뭔지 아세요? 바로 게성운이에요. 메시에를 창피하게 만들었던 그 천체죠(166쪽 사진을 보세요). 게성운은 죽은 별이 폭발할 때 흩어진 물질들이에요. 이곳에서는 곧 새로운 별들이 태어날 거예요. 한 별이 죽은 가운데서 새 별이 탄생하게 되니까요.

　메시에는 몰랐지만 메시에 목록에 들어 있는 천체들은 아주 중요해요. 별이 공처럼 모여 있는 '구상성단', 제멋대로 모여 있는 '산개성단', 우리 은하가 아닌 '외부은하'와 같이 연구할 것이 많은 천체들이 모두 메시에 목록에 들어 있어요. 이 목록에 들어 있는 천체들은 모두 태양계 밖에 있죠. 그것도 아주 멀리요.

　20세기에 들어서면서 메시에가 미처 발견하지 못한 일곱 개의 천체가 더 포함되어서 이제 메시에 목록에는 번호가 110번까지 있어요. 이 메시에 목록은 아직도 관측하는 데 요긴하게 쓰이고 있지요.

　요즘 아마추어 천문가들은 하룻밤에 110개의 천체를 모두 관측하는

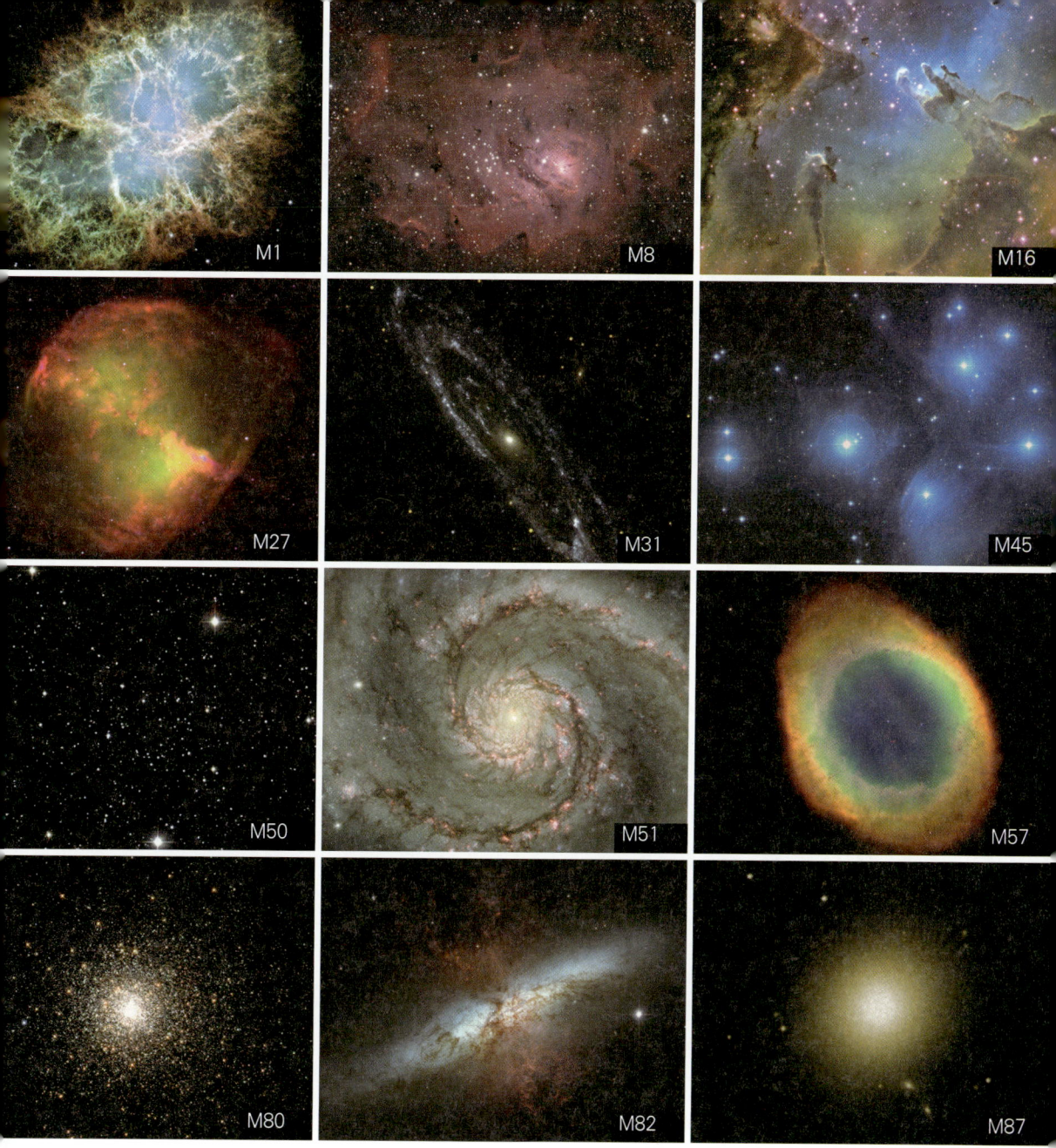

메시에 목록 속 천체들 메시에는 혜성과 헷갈리지 않으려고 100개가 넘는 천체 목록을 만들었다.

'메시에 마라톤'이라는 것을 해요. 이 일은 마라톤 선수들이 쉬지 않고 뛰는 것만큼 힘든 일이에요. 관측하는 데 관심이 있는 친구들이라면 메시에 마라톤에 도전해 보는 것도 좋을 거예요. 천체들의 위치도 익힐 수 있고, 자신이 얼마나 참을성이 있는지 스스로 판단하는 시간을 가질 수 있을 테니까요.

우리 은하, 너희 은하
은하 이야기

사람들이 모여서 마을을 이루고 사는 것처럼 별들도 은하에 모여 살아요. 태양이 속해 있는 우리 은하에는 약 1,000억 개의 별이 모여 살지요. 1,000억이 얼마나 큰 수인지 상상할 수 있겠어요? 게다가 태양은 우리 은하의 가운데에 있는 것도 아니고 가장자리, 그러니까 사람이 사는 마을로 보자면 변두리에 있다고 할 수 있죠.

불과 1,000년 전만 해도 사람들은 지구가 이 우주의 중심이라고 생각했어요. 그러나 어떤 천문학자들이 지구가 태양을 중심으로 돌고 있다는 것을 알아냈지요. 그리고 이제는 태양조차도 우리 은하의 중심이 아니라는 것, 이런 은하는 세기도 힘들 만큼 많이 있다는 것도 알게 되었어요.

우리 은하는 커피 잔 속에서 뱅뱅 도는 커피 크림과 비슷하게 생겼지요. 가을에 볼 수 있는 안드로메다 은하도 우리 은하와 많이 닮았어

안드로메다 은하 우리 은하에서 200만 광년쯤 떨어져 있다. 안드로메다 은하와 우리 은하는 한 시간에 50만 킬로미터씩 가까워지고 있다.

요. 안드로메다 은하는 우리 은하에서 가장 가까운 은하예요. 물론 전에 우리 은하와 부딪혀 가운데 부분만 남은 은하를 발견하기는 했지만 제대로 모습을 갖추고 있는 것 가운데 가장 가까운 것이죠.

가깝다고는 하지만 안드로메다 은하와 우리 은하는 200만 광년(빛이 1년 동안 나아가는 거리로, 천체 사이의 거리를 나타낼 때 쓴다. 1광년은 9조 4,670억 7,782만 킬로미터)이나 떨어져 있대요. 정말 어마어마하게 먼 거리 아니에요? 사람이나 자동차도 아니고 빛이 200만 년이나 가야 하는 거리이니 말이에요.

은하들은 생긴 모양도 가지가지예요. 뒤틀린 팔을 달고 있는 듯한 은하도 있고, 막대자석같이 뻣뻣하게 생긴 은하도 있어요. 둥그렇고 복스럽게 생긴 은하, 모자같이 생긴 은하, 가운데가 찌그러진 냄비 뚜껑 같은 은하도 있어요. 납작한 모양이었는데 동그란 은하가 뚫고 지나가 구멍이 뚫린 은하도 있어요. 정말로 제멋대로 생겼다니까요.

우리 사람들의 모습과 성격이 모두 다른 것처럼 은하의 모습과 성격도 모두 달라요. 그리고 그 모습을 보면, 그 은하가 어떻게 살아왔는지 대강 알 수 있어요. 사람들이 흔히 말하길 얼굴에 그 사람의 인생이 나타난다고 하죠? 은하도 그래요.

별들이 은하 안에 모여 사는 것처럼 은하는 은하들끼리 또 모여 있어요. 그리고 몇억 광년 떨어진 곳에 또 다른 은하들이 모여 있는 은하단이 있죠. 드넓은 우주에는 이렇게 별이 모인 은하, 은하가 모인 은하단, 은하단이 모인 초은하단들이 군데군데 놓여 있어요.

사람이 모여 작은 마을을 이루고, 그런 마을이 모여 한 나라가 되죠? 그런 나라가 지구 위에 많이 있는 것처럼 초은하단도 우주 곳곳에 널려 있어요. 우리 은하는 우주 전체를 놓고 보면 한 점에 불과해요. 별을 1,000억 개나 가지고 있는데 말이에요.

그러니 우주의 크기는 상상하기도 힘들 정도예요.

충돌하는 두 은하 두 은하는 합쳐져서 더욱 큰 은하가 된다.

    같은 은하단 안에 있는 은하들은 서로 부딪히기도 해요. 오스트레일리아에서 볼 수 있는 소마젤란성운과 대마젤란성운도 한때는 따로 떨어진 은하였지만, 우리 은하와 부딪혀 지금은 구겨진 종이 같은 모습을 하고 있어요. 그냥 성단인 줄로만 알았던 오메가센타우리도 오래전에 우리 은하와 부딪힌 외부은하였다지 뭐예요. 뱅뱅 돌아가는 바깥 부분의 나선 팔이 우리 은하에 흡수되어 모두 없어지고 가운데 부분만 남아 동그란 성단으로 보였던 거예요.

그런데 아까 이야기한 안드로메다 은하 있죠? 천문학자들은 그 은하와 우리 은하가 부딪힐 거라고 생각하고 있어요. 30억 년 후에 말이에요. 지금도 한 시간에 50만 킬로미터씩 가까워지고 있다고 하니, 그 속력이 엄청나죠? 지구 위에 있는 어떤 것도 이렇게 빠를 수는 없어요. 사실 지구는 너무나도 좁고, 우리 지구인들이 쓰는 거리나 시간 단위는 우주에서는 쓸모없는 경우가 많아요.

1,000억 개의 별이 모인 은하가 다른 은하와 부딪히면 그 은하에 속한 별들은 마치 물살에 떠내려가는 모래알같이 이리저리 쏠리기도 하

커피 잔 속에 든 은하 우주를 바라보는 것은 곧 우리를 바라보는 것과 같다.

죠. 그러나 이 모든 일은 천천히 일어나기 때문에 하나하나의 별에는 큰 영향이 없어요.

　우리 은하와 안드로메다 은하가 부딪히면, 두 은하가 합쳐져 더 큰 은하가 되겠죠? 은하가 커지면 주변에 있는 은하들을 끌어들이기가 쉬워져요. 중력이 더 커지기 때문이에요. 우주에는 이렇게 커져서 주변에 있는 은하들을 게걸스럽게 먹어 치우는 식인 은하도 있어요. 이름이 무시무시하죠?

　이렇게 은하는 커지는 거예요.

　사람들이 사는 모습도 이와 비슷해요. 뜻이 같은 사람들끼리 모이고 또 강제로 끌어들이기도 하죠. 때로는 뭉치기도 하고 흩어지기도 해요. 아마 사람들이 사는 모습이 우주와 닮은 것은 우리가 우주의 일부분이라서 그럴 거예요.

지금 우주는 시간이 뒤죽박죽
우주 시간 이야기

밖으로 나가 별을 보세요. 하늘에는 수많은 별들이 있지만 지금 보이는 별들 중 어떤 별은 오늘 이 순간 우주에 존재하지 않는 별일 수도 있어요. 무슨 말이냐고요? 지금부터 설명할게요.

아침이 되면 밝아지는 것이 해가 뜨기 때문이라는 것은 누구나 알고 있죠. 그런데 햇빛이 지구까지 오는 데 8분이나 걸린다는 사실은 혹시 아세요? 내가 막 뜨는 해를 보았을 때 사실 그 해는 이미 거기에 없는 거예요. 우리는 8분 전에 거기에 있었던 해를 보는 것이죠.

지금 태양에 무슨 일이 생기면, 8분이 지난 다음에야 지구에 그 영향이 나타나요! 어쩌면 지구 위의 모든 것이 사라질지도 모르죠. 지구의 운명은 태양에 달려 있으니까요.

자, 그럼 조금 더 멀리 있는 별을 볼까요? 태양에서 가장 가까운 별인 프록시마센타우리는 지구에서 4.2광년 떨어져 있어요. 프록시마센

목성의 위성에서 본 하늘 하늘에 목성과 태양, 전갈자리의 붉은 안타레스가 보인다. 목성은 지금 그 모습이지만 태양은 50분 전의 태양이고 안타레스는 600년 전의 안타레스다. 태양과 안타레스에 지금 무슨 일이 생기고 있는지 이 위성에 사는 사람은 알 수 없다.

타우리의 별빛은 4년이 넘게 우주를 여행해야 겨우 우리에게 닿는다는 이야기예요. 그러니까 지금 보는 프록시마센타우리는 4.2광년 전의 프록시마센타우리인 셈이죠.

200만 광년 떨어져 있는 안드로메다 은하는 또 어떤가요? 우리가 보는 안드로메다 은하는 200만 년 전의 모습이지요. 사람들이 아직 원숭이 같은 모습을 하고 있을 때 안드로메다 은하에서 출발한 빛이 이제야 우리 눈에 보이는 거예요.

1억 광년 떨어져 있는 어떤 외부은하 역시 지금 이 순간 그곳에 무슨 일이 벌어지고 있는지 전혀 알 수 없어요. 1억 년이 지나야 알 수 있죠. 물론 그때까지 인류가 살아 있다면 말이에요.

하늘에 보이는 별들은 지금 동시에 보이기는 하지만, 이렇게 다 다른 시간의 모습을 보여 주는 것이에요. 좀 가까운 별들은 얼마 전 과거의 모습을, 먼 별들은 오랜 시간 전의 모습을, 우주 끝에 있는 천체들은 까마득한 옛날의 모습을 보여 주고 있는 것이죠. 그것을 우리는 동시에 보고 있는 거예요. 지구에서 보는 우주 공간은 시간이 뒤죽박죽 섞여 있어요. 참 신기하고도 이상하죠?

우주의 끝이 어디인지는 모르지만 지금까지 볼 수 있는 것 가운데 가장 멀리 떨어져 있는 것은 '퀘이사'라는 천체예요. 퀘이사는 137억 광년이나 멀리 떨어져 있는 천체예요. 퀘이사의 빛은 137억 년이나 여행을 해서 겨우 우리에게 도착한 것이죠. 이 퀘이사의 빛이 지구에 오는 동안 퀘이사 자신은 이미 진화해서 죽어 없어졌는지도 몰라요. 그렇다면 우리가 지금 보고 있는 퀘이사는 퀘이사의 화석인 셈이죠.

천문학자들은 우주의 나이를 얼추 137억 년이라고 잡고 있어요. 바로 퀘이사에서 나온 빛이 지구에 도달하는 것과 같은 시간이죠. 이 말이 무엇을 뜻하는지 알겠어요? 퀘이사는 바로 우주가 처음 만들어졌을 때 생긴 천체라는 것이에요. 그래서 과학자들은 퀘이사를 잘 연구하면 우주의 초기가 어떠했는지를 알 수 있다고 생각하고 있어요.

만약 외계인이 지금 이 순간 우리 태양을 보고 있다면, 그것은 지금의 모습이 아닐 거예요. 그가 있는 별이 10광년 떨어진 별이라면 그는 10년 전의 태양을 지금 보고 있겠죠. 이론적으로 생각해 볼 때 그가 50억 광년 떨어진 곳의 별에 있다면 지금 태어나고 있는 태양을 볼 수도 있어요. 그러나 그런 일은 일어나기 힘들어요. 50억 광년 떨어진 곳에서 보기에는 태양의 빛이 너무 약하거든요.

이렇게 우주에서 쓰이는 시간은 지구에서 쓰이는 시간과는 많은 차이가 있어요. 좁은 지구에서 인터넷이다 초고속 통신망이다 해서 빛의 속도로 생각이 전달된다고 하지만, 넓은 우주로 나가면 그런 것은 아무런 쓸모도 없어요. 가장 가까운 별까지 가려 해도 빛의 속도로 3년이 넘게 걸리니까요. 지구인의 생각은 3년이 넘어야 겨우 이 별에 전달될 수 있어요. 우주선으로 간다면 수백만 년이 걸리는 거리죠.

가장 가까운 별이지만 살아서는 도저히 갈 수 없는 곳이에요.

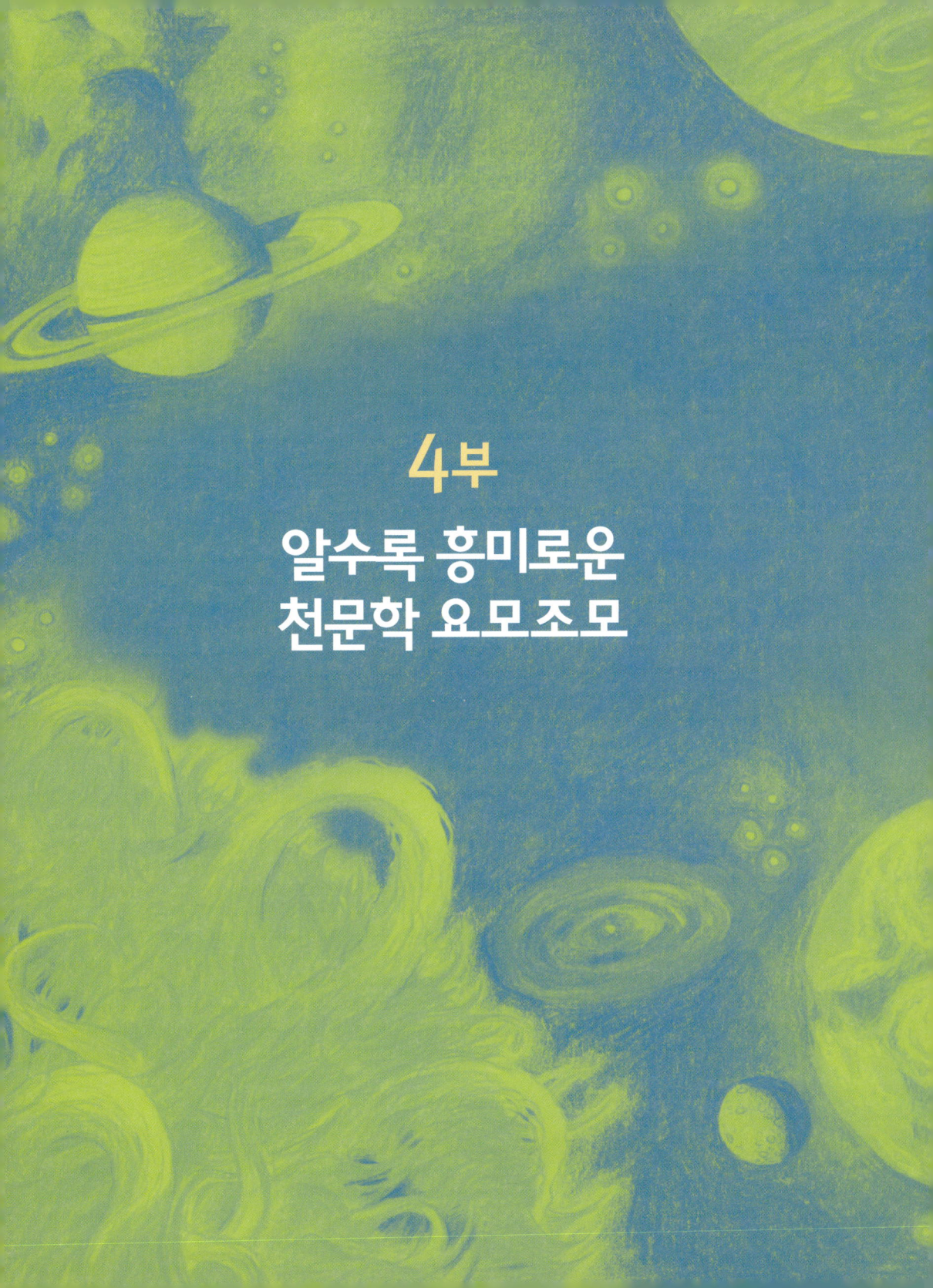

4부
알수록 흥미로운 천문학 요모조모

억울한 여성 천문학자들

인류 역사가 시작된 이래 세상의 절반을 차지하는 여성들의 재능과 업적은 늘 남성들에 가려 빛을 볼 수 없었어요. 물론 우리가 아직 원숭이와 비슷한 모습을 하고 있을 무렵 아주 짧은 동안 여성을 중심으로 한 사회가 있기는 했어요.

천문학에서도 남성 천문학자의 그늘에 가려 빛을 보지 못한 여성들이 많이 있었어요. 그뿐이 아니에요. 업적을 빼앗기기까지 했는걸요. 그 대표적인 예가 조슬린 벨 버넬이에요.

버넬은 밤마다 전파망원경이 토해 내는 기다란 종이 두루마리 기록을 살피는 지루하고도 따분한 일을 했어요. 사람들은 머릿속으로 복잡한 계산을 하거나 굉장한 생각을 해내는 것에는 많은 점수를 주는 반면, 몸을 움직여서 하는 일은 하찮게 보는 경향이 있죠. 그러나 이렇게 밤마다 두루마리를 살피는 사람이 없었다면, 그 이상한 중성자별은 발견되지 않았을 거예요.

중성자별은 아주 큰 별이 죽은 뒤에 별의 중심부만 남아서 만들어진 별인데, 크기는 작지만 무게는 상상도 못할 정도로 많이 나가요. 대추 알만큼만 떼어 내도 1억 톤(1,000억 킬로그램)이나 나가니까 말이에요.

그러나 정작 중성자별을 발견한 공으로 노벨상을 받은 사람은 버넬의 공동 연구자였던 앤터니 휴이시와 마틴 라일(1918~84)이었어요. 버넬이 밤을 새우며 일하고 있을 때 연구실에 앉아 있던 사람들이었죠. 신문기자들은 버넬에게 고작 '남자 친구는 몇 명이나 있었느냐?' 따위를 묻기만 할 뿐 연구 내용에 대해서는 한마디도 묻지 않았어요. 버넬이 유명해진 것은 오로지 '노벨상에서 제외된 불운한 여성 천문학자'라는 이유에서였죠. 그 뒤로 버넬은 중성자별 연구에서 스스로 빠졌어요.

1885년 하버드천문대에서는 25만 개에 이르는 별들의 색깔 사진을 찍고, 그것을 종류별(O, B, A, F, G, K, M)로 분류하는 엄청난 일을 시작했어요. 하늘 전체를 여러 조각으로 나누어 일일이 분광기로 사진을 찍고, 그 사진에 나온 별 하나하나를 꼼꼼히 들여다보고 같은 종류끼리 묶는 일은 너무나도 힘든 일이었어요. 이 일은 한 시간에 겨우 500원 정도의 돈을 받고 분류 작업을 했던 여성 조수들이 아니었으면 해낼

조슬린 벨 버넬

헨리 드레이퍼　　　　에드워드 피커링

수 없었을 거예요.

돈도 많이 받을 수 없고 매우 고된 일이었지만 사방에서 일을 하러 여성들이 몰려들었어요. 그때는 여성이 직업을 얻기가 아주 어려웠고, 하버드대학이 아무나 쉽게 갈 수 있는 곳이 아니었기 때문이죠.

40년이나 걸린 이 분류 작업은 25만 개 별의 색깔 사진이 여러 권의 책으로 출간되면서 막을 내리게 되었는데, 이 책들의 제목은 '헨리 드레이퍼 목록'이었어요. 드레이퍼(1837~82)는 별의 분류 작업이 시작되기도 전인 1882년에 죽어서 이 작업에는 참여도 하지 않았죠. 이 책들의 이름에 '드레이퍼'가 들어간 것은 드레이퍼의 유산으로 작업에 필요한 특수 망원경과 사진기를 구입했기 때문이에요.

작업에 참여했던 드레이퍼의 부인이나 '피커링의 하렘'이라고 불렸

하버드천문대의 여성 조수들

애니 점프 캐논

던 여성 조수들의 이름은 천문학 교과서에서는 찾아보기 힘들어요. 하렘은 이슬람 국가에서 왕이나 부자의 부인과 하녀 들이 생활하는 궁전을 말해요. 하버드대학에 드나드는 학자들은 당시 하버드천문대 대장이었던 에드워드 피커링(1846~1919)을 왕으로 생각했는지는 모르겠지만, 요즘 같은 세상에 이런 말을 했다면 분명히 성희롱으로 법원에 고소를 당했을 거예요.

어떤 남성 천문학자는 '하버드는 싼 값의 조수들이 우글거리는 곳'이라는 말로 분류 작업에 참여했던 조수들을 빗대기도 했대요. 그러나 이 조수들 가운데 애니 점프 캐논(1863~1941)은 여성으로서는 최초로 하버드천문대 연구원으로 취직해서 이 작업을 이끌었던 천문학자였어요. 하버드대학에서는 1938년에야 캐논에게 정식으로 임명장을 주었어요.

하버드에 발을 들여놓은 지 40년 만의 일이었죠.

캐논이 더 일찍 임명장을 받을 수 없었던 이유는 실력이 없어서도 아니고 업적이 뛰어나지 않아서도 아니었어요. 이유는 오직 하나, '그전에는 여자에게 어떤 직위도 줘 본 적이 없다'는 것이었어요. 이런 여성들의 업적이 뒤늦게 하나둘 알려지기 시작했지만, 이제는 억울하게 피해 보는 일이 없었으면 좋겠어요.

어! 거꾸로 보이네

　사람들이 가장 많이 알고 있는 별자리는 무엇일까요? 북두칠성이겠죠? 그러면 가장 멋있는 별자리는 무엇일까요? 아마 많은 사람들이 오리온자리를 선택할 거예요. 별자리 자체가 매우 크고, 별들이 모두 밝아 달이 뜨는 날에도 볼 수 있을 뿐만 아니라, 오리온 대성운, 말머리 암흑성운 등 별자리 구석구석 볼 만한 것이 많거든요.

　그리스신화에 나오는 오리온은 한 손에는 커다란 몽둥이를 들고 또 다른 한 손에는 활을 들고 다니는 매우 용감한 사냥꾼이에요. 하늘에서도 오리온은 몽둥이를 높이 치켜들고 달려오는 황소와 용감하게 맞서 싸우고 있죠. 오리온 뒤에는 사냥개 두 마리가 따르고 있는데, 겨울밤에는 오리온이 사냥을 하느라 남쪽 하늘 전체가 비좁을 지경이에요.

　그러나 이러한 오리온의 자존심은 남아프리카공화국, 브라질, 오스트레일리아같이 남반구에 있는 나라에 가면, 휴지 조각처럼 구겨지고

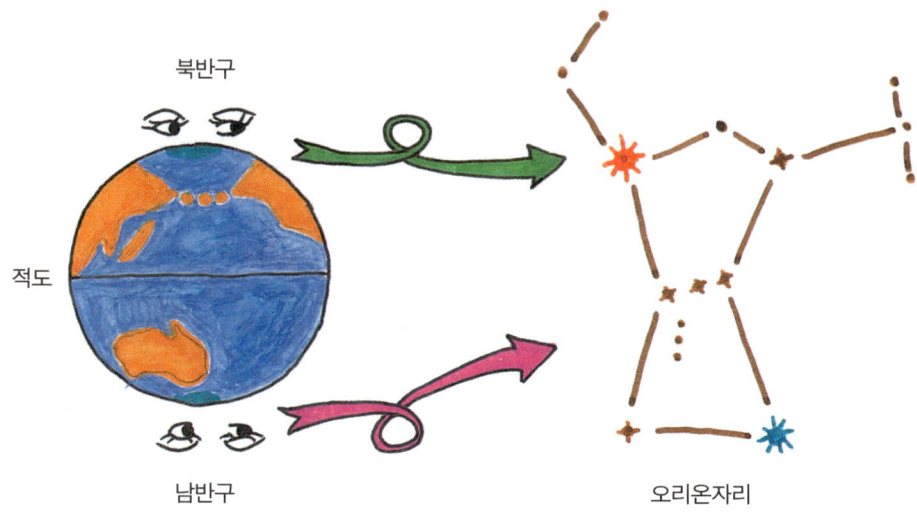

남반구에서 오리온자리가 거꾸로 보이는 까닭

말아요. 왜냐고요? 하늘에 거꾸로 매달려 있기 때문이죠. 황소도 거꾸로, 오리온을 따르는 충성스러운 사냥개 두 마리도 거꾸로 달려야 해요. 이래 가지고는 사냥은커녕 하늘에서 떨어지지 않게 잘 붙어 있는 것만도 쉬운 일이 아닐 것 같군요.

그래요. 남반구에서는 별자리가 거꾸로 보여요.

그런데 남반구와 북반구는 어떻게 나누냐고요? 이렇게 생각해 보세요. 지구를 뉘어 놓고 반으로 자르는 거예요. 북극과 남극을 양쪽에 두고 정확하게 반으로 잘라야 해요. 이렇게 자른 선을 적도라고 부르죠.

그리고 적도를 중심으로 남극이 있는 쪽을 남반구, 북극이 있는 쪽을 북반구라고 부르는 거예요. 간단하죠?

그러면 이제 내가 지구를 들고 있다고 생각해 보세요. 북극이 위로 오도록 들고 있어야 해요. 그럼 아랫부분인 남극에 서 있는 동물들은 거꾸로 보이겠죠? 바로 그거예요. 그래서 별자리가 거꾸로 보이는 거라고요.

남반구 하늘이 당해야 하는 수모는 이것으로 끝나는 것이 아니에요. 북반구 하늘에는 아름다운 공주, 왕자, 용감한 동물 들이 별자리를 차지하고 있지만, 남반구 하늘에는 망원경자리, 현미경자리, 항해할 때 쓰는 나침반자리, 육분의자리 등등 이야기도 없고 전혀 아름답지도 않은 이상한 기계들로 가득 차 있거든요.

이렇게 별자리가 북반구에서 보기 편하게 만들어진 것은 서구 문화 중심으로 기록된 세계사와 깊은 관계가 있어요.

이집트의 천문학은 지금으로부터 3,000년 전 그리스인에게 전수되었는데, 이때부터 별자리에 그리스신화에 나오는 신과 사람 들의 이름이 붙기 시작했어요. 그러나 별자리를 정하고 별자리에 이야기를 붙여 주는 것은 어느 날 갑자기 한 일은 아니에요. 오랜 시간에 걸쳐 수많은 사람들이 한 것이죠.

그리스와 유럽이 세상의 전부라고 생각했던 유럽 사람들이 500년 전에 자기들이 모르는 새로운 세계를 찾아 배를 타고 바다로 나가게 되었어요. 새로운 땅을 찾으려는 목적은 오직 하나, 황금을 많이 찾아 부자가 되려는 것이었죠. 사람들은 너나없이 한몫 잡아 보려고 뱃사람이 되기를 원했어요. 배를 타고 항해하던 유럽인들은 그때까지 한 번도 본 적이 없는 남반구 하늘을 보면서 처음 보는 별자리에 배에서 쓰던 망원경, 육분의 같은 이름을 붙여 주기 시작했어요.

배를 타고 다니는 뱃사람들은 그리스신화와 같은 이야기를 별자리에 붙여 줄 여유 같은 것은 부릴 줄 몰랐어요. 그래서 남반구 하늘의 별자리에는 재미난 이야기도 없고 그저 맨송맨송하기만 하죠.

그러나 별자리를 만들어 이름을 붙이는 일은 그리스인이나 그의 후손인 유럽인들만 생각했던 것은 아니었어요. 남아메리카, 지금의 페루가 있는 곳에는 아주 발달된 문명을 가진 잉카인들이 살고 있었는데, 이 사람들도 별을 보고 달력을 만들었고, 나름대로 독특한 별자리를 만들어 가지고 있었어요. 그런데 16세기에 유럽에서 배를 타고 잉카를 찾아온 에스파냐인들이 잉카인들의 책을 공터에 모아 놓고 모두 불태워 버렸어요. 에스파냐인들이 그 땅을 찾아갔던 이유는 황금을 얻기 위해서였지, 유럽과 비교할 만한 문명을 찾으러 온 것은 아니었기 때문이죠. 게다가 에스파냐인들은 자신들만이 신의 축복을 받은 문명인이라고 생각했어요. 따라서 세련된 문화를 가진 잉카인들과 그들이 만들어 놓은 물건이나 기록 들은 결코 이 땅에 남아 있어서는 안 될 것이었어요. 책을 모두 불태우다니, 정말이지 야만적인 행동이었지요. 그리하여

중앙아메리카 마야인들이 쓰던 달력 속의 '달' 표시 마야인들에게는 1년이 열아홉 달이었는데, 열여덟 달은 한 달이 20일이었고, 마지막 달은 5일이었다. 1년 365일이 딱 맞는 이 달력은 16세기 무렵 마야인과 잉카인을 정복한 유럽인의 달력보다 훨씬 정확했다.

유럽의 반대편 대륙에서 꽃피었던 잉카의 문화유산들은 찾아보기 힘든 것이 되고 말았어요.

이처럼 옛날에는 별자리가 나라마다 조금씩 달랐고, 천문학자들끼리도 즐겨 쓰는 별자리 이름이 달랐어요. 그런데 세계 여러 나라 학자들이 모여 자기가 연구한 것을 발표하게 되자 문제가 생겼어요. 같은 별자리에 대해서도 서로 다른 이름으로 이야기를 하니 서로 알아듣기가 어려웠던 것이죠.

이런 문제를 해결하기 위해 1930년 국제천문연맹에서 하늘을 지도처럼 88개 구역으로 나누어 각각 이름을 붙여 주는 일을 했어요. 별자리 이름을 통일한 것이죠. 그런데 이때 힘이 강해서 발언권이 컸던 나라들이 거의 서양의 나라들이었어요. 그러니 별자리 이름도 자연히 서양에서 쓰던 것 위주로 정해지게 되었죠. 이렇게 하여 오늘날 전 세계가 같이 쓰는 별자리가 탄생하게 된 것이에요.

만약 지구 반대편에 살았던 고대인들의 문명이 사라지지 않고 계속 발전해 지금도 역사의 중요한 부분을 채우고 있다면, 지금 밤하늘은 어떤 별자리들로 꾸며질까요? 그리고 만약 고구려가 유럽을 정복해 우리 민족이 세계사의 주인이 되었다면, 어떤 별자리들이 하늘을 장식하고 있을까요? 백두산자리, 호랑이자리, 옥토끼자리…… 이런 것들로 채워지지 않았을까요?

우리에겐 우리 별자리

　조선 시대에 왕실에서는 별자리 지도인 「천상열차분야지도」를 100부 정도 인쇄해서 보통 사람들에게 나누어 주었어요. 100부면 그 당시에는 아주 많은 양이었어요. 그게 뭐가 많으냐고요? 옛날에는 경복궁에서 울리는 풍악 소리가 온 서울에 다 들릴 정도로 서울의 크기가 아주 작았어요. 인구도 아주 적었고요. 게다가 100부를 찍는 데 드는 비용과 시간도 만만치 않았거든요. 이런 걸 다 생각하면 100부는 아주 많은 양이에요.

　그런데 왜 왕실에서 이런 별자리 지도를 인쇄해서 백성들에게 나누어 주면서 천문학을 널리 알렸을까요? 그 까닭을 이야기해 볼게요.

　우리나라 역사를 연구하는 학자들은 우리나라 천문학이 농사짓는 일과 관계있다고 말하고 있어요. 그러니까 백성들이 농사짓는 데 도움이 되라고 천문학을 연구해서 그 결과를 알려 주었다는 것이죠. 물론,

볍씨를 뿌리고 모내기를 하고 논에 댈 물을 미리 가두어 놓는 일은 아주 중요한 일이에요. 그러나 따지고 보면 하루 이틀쯤 늦게 볍씨를 뿌린다고 해서 농사를 망치는 일은 거의 없을 거예요. 왕들이 백성들에게 하늘에 대한 이야기를 해 주었던 것은 그보다 더 중요한 까닭이 있었기 때문이에요.

옛날에는 요즘처럼 투표로 대통령을 뽑지 않고, 왕의 아들이 다음 왕이 되었어요. '왕'이라는 자리가 대물림되었던 것이죠. 왕의 식구가 아니면 아무리 똑똑하고 뛰어난 지도력을 가진 사람이라도 왕이 될 수 없었어요. 좀 너무하지요? 백성들은 왕을 신이 내려 준 사람이라고 생각했어요. 왕과 왕의 식구들도 당연히 백성들이 모두 그렇게 생각해 주기를 바랐어요. 그래야 오래도록 왕의 자리를 이어 갈 수 있을 테니까요.

그런 까닭에 왕들은, 왕권은 하늘이 내려 준 것임을 백성들에게 확실히 보여 줄 필요가 있었어요. 그래서 그 한 방법으로 하늘을 관측하고 별을 보며 앞일을 점치려 했어요. 그리고 하늘의 이치를 들어 땅의 일을 설명하면서 왕은 하늘이 돕는다는 것을 보여 주려 했지요. 천문학은 왕의 힘을 더욱 강하게 지켜 주는 학문이었던 셈이에요.

왕들이 갖고 있던 이런 생각은 「천상열차분야지도」에 나타난 별자리를 보면 더욱 잘 알 수 있어요. 별자리를 잘 보면, 북극성 주변의 별들은 1년 내내 땅 아래로 내려가지 않는다는 것을 알 수 있어요. 나머지 부분은 땅 아래로 내려갔다가 한 계절에만 나타나죠. 우리 조상들은

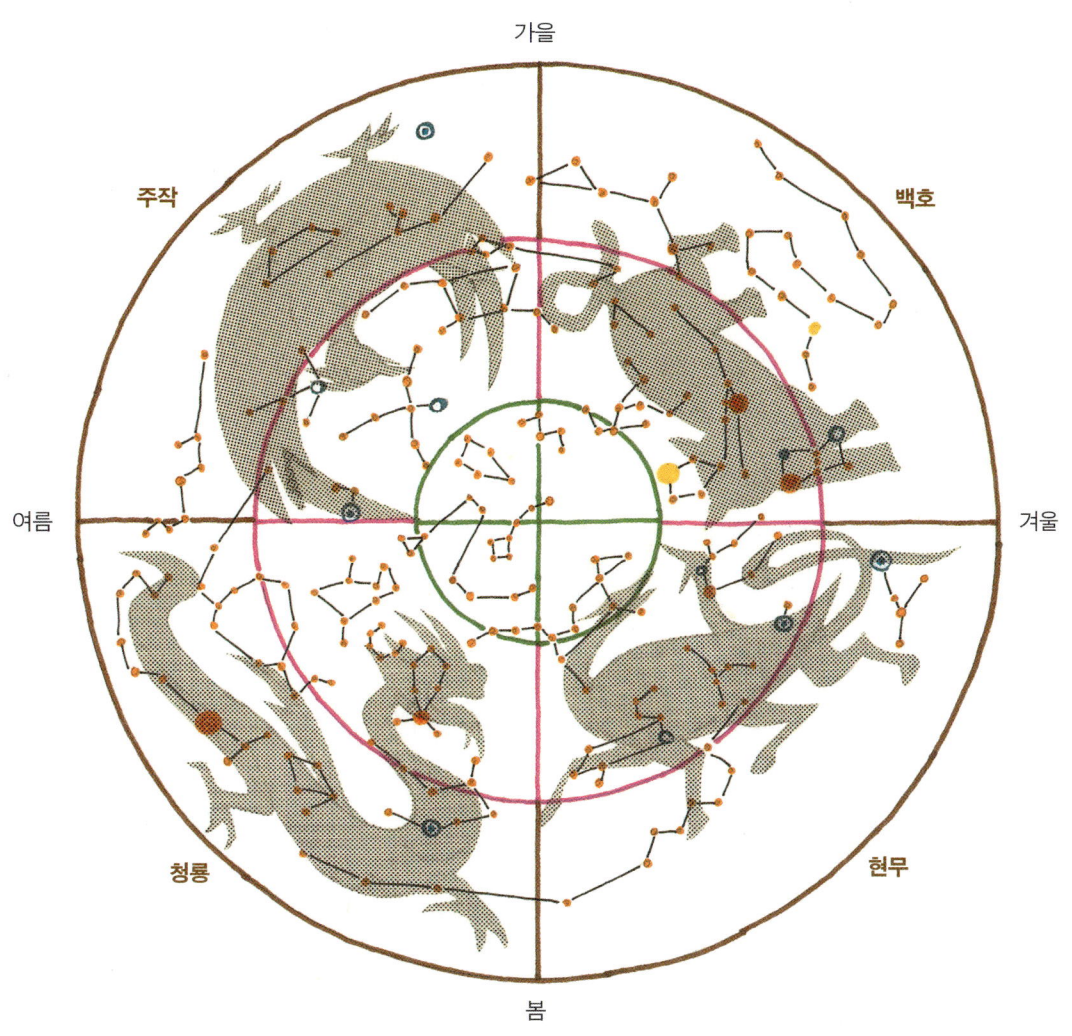

요즘 별자리와 옛날 별자리 요즘 쓰이는 별자리에 옛날 별자리인 청룡, 현무, 백호, 주작의 위치를 표시한 것.

이렇게 늘 보이는 별자리와 그렇지 않은 별자리가 있다는 것을 알았고, 이에 대해 이렇게 생각했어요. 1년 내내 보이는 북극성과 북두칠성 같은 자리는 땅 위에 왕궁이 있는 것처럼 하늘에 있는 왕궁이라고요. 중요한 곳이니까 땅 아래로 들어가는 일이 없다는 것이죠. 그리고 그 주변에는 청룡, 백호, 주작, 현무, 이렇게 상상의 동물 네 마리가 있어서 계절에 따라 왕궁을 지키고 있다고 생각했어요. 그 사이에는 일반 백성들이 자리 잡고 있고요.

우리가 지금 쓰고 있는 서양 별자리가 여러 가지 모양으로 나뉘어 있는 데 비해 우리나라의 별자리는 네 마리 동물로 크게 구분되어 있었어요. 그러나 사람들이 '청룡자리'라고 부르지는 않았어요. 이 큰 별자리는 다시 작은 별자리들로 쪼개서 각각 이름을 붙였죠.

고구려 왕릉의 벽화에 보면 청룡, 백호, 주작, 현무가 그려져 있는데, 이것은 바로 별자리를 그린 것이에요. 그런데 이것은 왕이나 왕의 식구들의 무덤을 장식하기 위한 것이 아니라, 백성들도 다 알고 있는 하늘의 별자리를 그림으로써 왕권을 더욱 강조하려 했던 것이지요.

일본의 귀족 무덤 천장에도 우리의 「천상열차분야지도」와 비슷한 별자리 지도가 그려져 있다고 해요. 일본의 왕들도 대를 이어 백성들을 다스리려면, 왕권은 하늘로부터 받은 것임을 사람들에게 알릴 필요가 있었던 것이죠. 일본 사람들의 이런 풍습은 우리나라로부터 전해 받은 것이라고 볼 수 있어요. 지금은 세계가 좁아져서 정보가 어느 방향으로

니콜라우스 코페르니쿠스

든 흐르지만, 옛날에는 거의 대륙에서 섬으로 전해졌거든요.

우리나라의 천문학은 이웃 나라인 중국으로부터 많은 영향을 받았어요. 중국은 서양으로부터 영향을 받았고요. 서양에서는 망원경이 발명되면서 천문학이 빠르게 발달하기 시작했어요. 그래서 중국 청나라 시대에는 서양의 선교사와 학자 들이 새로운 천문학을 중국에 전해 줄 수 있었지요. 일식과 월식을 계산하는 법, 달력을 만드는 역법, 시간을 계산하는 법 등 여러 가지를요. 그리고 우리나라는 중국에 사신을 보내 서양의 천문학을 들여왔어요. 그리고 그것을 일본에 전해 주었지요.

지동설을 처음으로 외친 사람이 니콜라우스 코페르니쿠스(1473~1543)라고 하는데, 혹시 우리 조상 가운데도 그런 이야기를 했던 사람이 있을지 몰라요. 그러나 역사는 늘 첫 번째만을 기억해 주지요.

요즘 들어 우리 천문학에 대한 관심이 많아지고, 그에 관한 이야기들이 책으로 나오기도 했어요. 우리 것을 찾고 널리 알리는 것이 우리를 세계 역사의 주인으로 만드는 일이 아닐까요?

둥근 별떼, 널린 별떼

2000년 6월에 우리나라와 북한의 지도자들이 북한에서 만나 온 나라가 떠들썩했던 일이 있었지요. 방송에서는 하루 종일 남북정상회담 이야기만 했고, 마치 곧 통일이 이루어질 것 같은 분위기가 되었어요. 분단 때문에 생겨난 여러 차이를 극복하고 통일이 되려면 대화를 꾸준히 해야 해요.

그동안 남한과 북한은 학자들끼리 만나 자기들이 연구한 내용에 대해 이야기한 적이 거의 없었어요. 천문학도 마찬가지여서 남과 북이 공부하는 내용은 다르지 않지만 쓰는 용어가 서로 다르다고 해요. 어떻게 다른지 한번 알아볼까요?

지구는 하루에 한 바퀴씩 스스로 도는 자전을 해요. 그래서 밤과 낮이 생기는 것이죠. 또 지구는 태양을 1년에 한 바퀴 도는 공전을 하지요. 사실은 1년에 한 바퀴를 도는 게 아니라, 한 바퀴 도는 것을 1년이

구상성단＝둥근 별떼 이 별들은 모두 동시에 태어났다.

라고 한다고 말해야 옳은 것이지만요. 하여튼 북한에서는 자전을 '제돌이'라고 하고, 공전을 '남돌이'라고 해요. 말 그대로 스스로 돌고, 남을 돈다는 뜻이지요. 북한 학생들은 아마 이렇게 말할 거예요.

"지구는 하루에 한 번 제돌이하고, 1년에 한 번 남돌이를 합네다."

천체 가운데 별들이 공 모양으로 모여 있는 '구상성단'이 있어요. 별들이 수만 개나 모여 있는 이 천체는 마치 빛공 같죠. 구상성단 안에 들어가면 밤과 낮의 구분이 없이 늘 밝아요. 밝은 별들로 둘러싸여 있기

4부 알수록 흥미로운 천문학 요모조모　217

산개성단=널린 별떼(플레이아데스성단)

때문이죠. 이 별들은 상상도 할 수 없이 커다란 가스 덩어리로부터 다 같이 태어났어요. 모두 쌍둥이인 셈이지요.

한편 모여 있기는 하지만 일정한 모양 없이 제멋대로 모여 있는 별들이 있어요. 이런 천체를 '산개성단'이라고 불러요. 이 별들 역시 같은 가스 덩어리에서 태어났어요. 하지만 구상성단을 만든 가스 덩어리보다는 작은 가스 덩어리에서 태어난 별들이죠.

북한에서는 이것들을 뭐라고 부를까요? 먼저 구상성단은 '둥근 별떼'라고 불러요. 별들이 둥글게 떼 지어 모여 있다는 뜻이지요. 그리고 산개성단은 '널린 별떼'라고 불러요. 별들이 떼 지어 있지만 여기저기 널려 있다는 뜻이에요. 어때요, 재미있죠?

또 다른 것도 이야기해 볼까요? 태양계에서 가장 먼 곳에서부터 날아와 사람들을 즐겁게 해 주는 혜성 있잖아요, 이 혜성을 북한에서는 '살별'이라고 해요. 화살처럼 생겼다고 해서 붙여진 이름이죠.

지구가 지나다니는 길에 널려 있는 찌꺼기들이 지구 대기권으로 들어오면 무엇이 될까요? 바로 유성이죠? 불이 붙은 돌들이 마구 떨어지는 것 말이에요. 이 유성을 북한에서는 '별찌'라고 해요. 별의 찌꺼기라는 뜻이지요. 그리고 유성이 몇백 개씩 떨어지는 것을 우리는 유성우라고 하는데, 북한에서는 '별찌비'라고 해요.

이 밖에 달이 해를 가리는 일식은 '해가림'이라고 하고, 지구 그림자가 달을 가리는 월식은 '달가림'이라고 하죠.

나중에 통일이 되면 우리는 어떤 천문 용어를 써야 할까요? 이것은 통일이 된 다음에 갑자기 정할 수 있는 문제는 아니지요. 흩어져 있는 식구들을 다시 만나고, 금강산 구경을 가는 것이 북한과 더욱 가까워지는 일인 것은 틀림없어요. 학자들도 마찬가지예요. 자주 만나 공부한 것을 서로 이야기하다 보면, 그 학문을 연구하기 위해 쓰는 말들도 자연스럽게 통일이 되겠죠? 진정한 통일이란 그냥 땅이 합쳐지는 것을 두고 하는 말은 아니니까요.

외계 행성을 찾아라

커다란 머리, 길고 가는 손가락, 작은 키. 바로 영화 「이티」에 나오는 외계인의 모습이에요. 영화나 소설 속에 나오는 외계인들의 모습은 대개 비슷하죠. 왜 외계인의 머리는 모두 커다랄까요? 지구에 우주선을 타고 올 정도면, 그 외계인들이 지니고 있는 과학 기술은 지구보다 훨씬 낫겠죠? 그리고 그 정도로 머리를 많이 쓰다 보면 당연히 머리가 커질 거고요. 그렇게 생각해서 사람들이 그런 모습으로 상상하는 것이에요. 지구인들도 옛날에 살았던 원시인보다 지금 살고 있는 현대인의 머리가 훨씬 크다고 하거든요.

어떤 소설에 나오는 외계인은 산소로 숨을 쉬는 게 아니라 이상한 독가스로 숨을 쉬기도 해요. 그 외계인이 사는 행성에는 대기가 독가스로 이루어져 있거든요. 분명 지구가 아닌 다른 곳에 사는 생물들은 모습이 우리와 많이 다를 거예요. 우리는 이런 외계인을 진짜로 만날 수

타이탄에서 온 외계인은 이런 모습이 아닐까?

있을까요?

    호랑이를 잡으려면 호랑이 굴로 가라는 말이 있죠? 외계인을 만나려면 외계인이 있는 곳으로 가야 해요. 그럼 도대체 어디로 가야 할까요? 외계인이 있는 곳으로 가고 싶지만 우리는 지금 지구를 벗어나는 것이 그리 쉽지 않기 때문에 외계인이 있을 만한 곳을 쳐다보는 수밖에 없어요. 외계인이 살 만한 행성을 찾아보는 거죠.

자, 여기서 우리는 깊은 숨을 한번 들이쉬고 기대치를 조금 낮춰야만 해요. 지구가 생긴 지 45억 년 만에, 과학 기술을 발전시키는 인류가 나타났잖아요. 45억 년은 길고 현생인류가 나타난 수만 년은 순간과 같아요. 지구가 태어나서 지금까지 지구를 찍은 필름으로 영화를 만들면 인류는 언제 나타났는지도 모르고 영화가 끝나 버리고 말 거예요. 외계 행성에서도 생명체가 이와 같은 길을 밟아 진화했다면 뛰어난 과학 기술을 가진 외계인을 만날 확률은 아주아주 작아요. 그러니 우리는 우리 같은 외계인 말고 공룡이나 곤충, 물고기나 말미잘, 박테리아나 바이러스 같은 모든 생명체를 만난다는 데 초점을 맞추어야 해요. 그래야 생명체를 만날 가능성이 커지니까요.

앞에서 이야기한 비슈니아크 기억하고 있나요? 화성의 미생물체를 찾으려고 주스 통을 만든 과학자 말이에요. 비슈니아크도 기대치를 확 낮춘 거예요. 손가락이 길고 알 수 없는 말을 하는 외계인 대신, 눈에 보이지도 않을 만큼 작은 생물이라도 만나야겠다고 생각한 거죠.

자, 외계인에서 외계 생명체를 만나는 것으로 목표를 바꾸었다면 이제 밤하늘에 있는 저 많은 별들 가운데 어느 별을 봐야 생명체를 찾을 확률이 큰지 생각해야 해요. 무턱대고 망원경을 하늘에 들이댄다고 생명체가 살 만한 외계 행성이 보이지는 않을 테니 말이에요. 우리가 가장 먼저 선택해야 할 별은 태양을 닮은 별이에요. 크기와 색이 태양과 같은 별 말이에요. 태양보다 큰 별은 수명이 짧아서 거느리고 있는 행성에 나타난 생명체가 문명을 지닌 외계인으로 진화할 시간이 부족하고, 태양보다 작은 별은 빛이 너무 약해서 행성에 생명체가 나타나지 않을 수도 있어요.

태양을 닮은 별을 찾으면 그 둘레에 목성 같은 행성이 있는지 봐요. 만약 태양과 닮은 별에 목성과 닮은 커다란 행성이 있다면 그 별과 목성을 닮은 행성 사이에 지구 같은 행성이 있을 확률이 커요. 물론 그 별과 목성을 닮은 행성은 적당히 떨어져 있어야 해요. 만약 그 외계 행성계에서 지구와 비슷한 행성까지 찾았다면 '빙고!' 거기에는 생명체가 살 확률이 아주아주 많답니다. 외계 생명체를 찾는 게 참 쉽죠?

그런데 말이에요, 일이 이렇게 쉬우면 왜 아직까지 외계 생명체를 못 찾았겠어요? 아직 지구에 살고 있는 천문학자 중에 '빙고'를 외친 사람은 없어요.

태양을 닮은 별은 그다지 밝은 편이 아니라 지구에서 좀 멀리 떨어져 있으면 찾기도 힘들어요. 그 말은 우리가 찾아서 연구할 수 있는 별이 많지 않다는 뜻이고 외계 생명체를 찾을 확률이 별로 크지 않다는 뜻이기도 하죠. 또 지금 우리가 가지고 있는 기술로는 멀리 떨어진 어떤 별 옆에 있는 지구만 한 외계 행성을 구별해 내는 것이 거의 불가능해요. 그저 여러 가지 증거로 미루어 보아 그 별 옆에 지구 같은 행성이 있을 것으로 짐작할 뿐이죠.

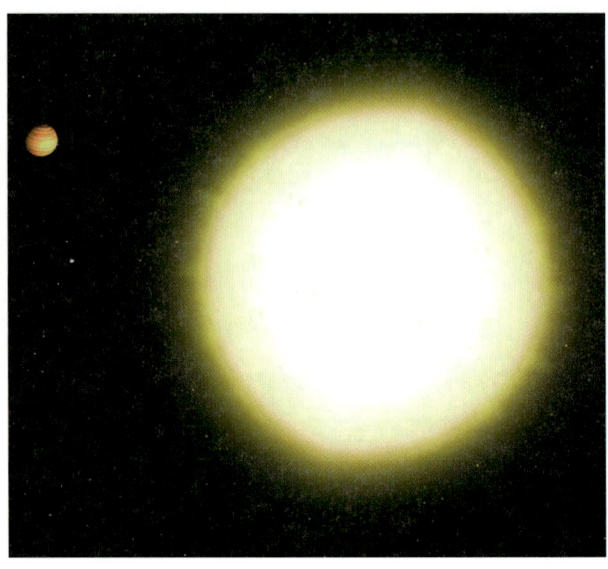

외계 행성 페가수스자리 51b
페가수스자리 51번 별은 태양과 비슷한 별로, 이 별을 돌고 있는 행성 51b가 1995년에 발견되었다. 이 행성은 엄마 별에 너무 가까이 붙어 있어 표면 온도가 1,000도에 이른다. 안타깝게도 생명체는 살 수 없을 것 같다.

    그러나 기술은 점점 더 발전할 것이고 지구만 한 행성은 꼭 나타날 거예요. 왜냐하면 우리 은하에만도 생명체가 살 수 있는 별은 얼추 3억 개가 있고, 우리 은하를 벗어나면 별이 너무 많아 하나하나 셀 수도 없기 때문이에요. 그 많은 별들 가운데 지구와 닮은 행성이 없을 수가 없는 거죠.

    자, 이제 많은 어려움을 넘기고 '빙고'를 외친 과학자가 나타났다고 칩시다. 우리 태양계와 꼭 닮은 외계 행성계를 찾았다고 말이에요. 태양만 한 별에 지구만 한 행성이 적당히 떨어져 있어 생명체가 살기에 딱 좋은 환경을 지닌 빙고 별을 찾았다고 쳐요. 그럼 이제 그곳에 있는 생명체를 어떻게 확인할 수 있을까요? 우리는 도저히 갈 수 없으니 어쩌면 좋아요? 우리 기술로는 지구 대기도 벗어나기 힘들잖아요. 어찌어찌 우주선을 만든다 해도 화성까지 가는 데 1년 가까이 걸리니 태양계를 벗어나기도 전에 모두 지쳐서 죽고 말 거예요. 지구인에게 태양계는 담도 없고 철조망도 없지만 벗어날 수 없는 감옥과 같아요.

지구인들은 빙고 별까지 가는 일을 포기하고 대신 그곳으로 신호를 보내기로 해요.

"여기 우리가 있어요. 답을 보내 주세요."

그러나 이 답을 받는 것도 쉽지 않아요. 빙고 별이 100광년 떨어져 있다면 지금 지구에서 보낸 빛이 그곳에 닿으려면 100년이 걸려요. 그리고 외계인들이 답장을 보내면 또 100년이 걸려 오겠죠. 우리는 200년이 지나야 빙고 별 외계인들로부터 답을 받을 수 있는 거예요.

"반갑다. 여기는 빙고!"

덧붙여 말하자면 우주에서 100광년은 바로 코앞에 있는 것이나 마찬가지인 아주아주 가까운 거리예요.

그런데 만약 빙고 별에 살고 있는 생명체가 똑똑한 외계인이 아니고 공룡이나 물고기, 박테리아라면 어쩌나요? 그 생명체들은 편지가 왔는 줄도 모를 거고 답장은 생각조차 못할 테니 말이에요. 아, 외계 생명체를 만나는 일은 정말 힘들어요.

결국 지구인들은 외계 행성계를 찾는 일도 열심히 하면서 오래전부

지구인에게 태양계는 벗어날 수 없는 감옥과도 같다

터 해 오던 일에 더 열을 올리고 있어요. 바로 외계에서 오는 신호를 열심히 감시하는 거죠. 혹시 똑똑한 외계 생명체가 '여기 우리가 있다'라고 보낸 신호가 지구에 도착할지도 모르니까요. 신호가 왔는데 우리가 잠깐 한눈을 팔아 못 본다면 그것만큼 안타까운 일이 없겠죠? 그래서 천문학자와 공학자 들은 '외계 지적 생명체 탐사'(SETI, 세티) 계획을 세워 외계 신호를 감시하고 과학자가 아닌 보통 사람들도 참여할 수 있게 길을 열어 놓고 있어요. '가정에서 하는 외계 지적 생명체 탐사'(SETI@home, 세티 앳 홈)는 연구소에서 주는 프로그램을 집에 있는 컴퓨터에 깔면 집에서도 전파망원경이 잡은 외계 신호를 감시할 수 있게 하는 프로젝트예요. 인터넷만 연결되어 있으면 세계 어느 나라에서나 참여할 수 있지요.

「콘택트」라는 영화에는 외계 문명인이 보내온 전파를 잡아서, 결국은 아무도 가 보지 못한 곳으로 우주여행을 다녀오는 여성 과학자 이야기가 나와요. 이 영화는 세티 계획에서 이야깃거리를 얻은 것이에요.

이렇게 물 샐 틈 없이 외계 신호를 감시하고 있는데 우리가 놓칠 리가 없겠죠? 그런데 말이에요, 우리보다 더 문명이 발달한 외계인들이 우리는 도저히 알아볼 수 없는 방법으로 신호를 보낸다면 우리는 어떻게 그걸 알아챌까요? 모르고 그냥 지나갈 수도 있지 않을까요? 우리가 보낸 신호를 다른 별의 공룡들이 받아도 알 수 없는 것처럼 말이에요.

우주 장례식

　아마도 지구인이 지구를 벗어나 다른 천체에 살게 된다면 가장 먼저 갈 곳은 바로 달일 거예요. 가장 가까운 천체이니 가기에 가장 쉽고 더 먼 행성으로 가는 중간 기지 역할을 해 줄 수 있으니까요. 달은 지구보다 중력이 약하기 때문에 달에서는 우주선을 쏘아 올리기 훨씬 쉬워요. 그것은 달의 자원을 이용해 무엇인가를 만들어 화성이나 더 먼 천체에 보내기 훨씬 쉽다는 이야기와 같아요. 생각은 이렇게 쉽지만 지금은 아무나 달에 갈 수 없고 언제든 갈 수 있는 것도 아니에요. 우주 비행사가 되기 위해서는 오랜 시간 아주 힘든 훈련을 받아야 하고, 사람이 탈 수 있는 우주선을 만드는 데는 돈이 아주 많이 들기 때문이죠.
　영화에서 볼 수 있는 멋진 달 기지도 지금은 없지만 언젠가는 분명히 생길 거예요. 수십 년이 걸릴지 수백 년이 걸릴지 모르겠지만 말이에요. 그러나 확실한 것 하나는 달에 무덤이 먼저 생길 거라는 점이에

「달로스」

요. 신문에 달에 무덤을 만들어 준다는 어느 회사 이야기가 실린 적이 있어요. 그렇다고 진짜로 사람들이 달로 가서 땅을 파고 무덤을 만든다는 것은 아니에요. 그럼 어떻게 만들까요?

우선 사람이 죽으면 화장을 하고, 남은 뼛가루 가운데 200그램 정도를 치약 튜브 크기만 한 금속 통에 담아요. 이런 통이 200개쯤 모이면 우주선에 실어서 달로 보내는 거죠. 우주선이 달 가까이 가면 이 통들을 떨어뜨려 땅에 박히게 해요. 이것이 바로 달 무덤이에요.

달 무덤은 오래전부터 공상과학소설이나 영화에서 많이 볼 수 있었어요. 수십 년 전에 나온 공상과학소설의 내용이 사실이 되고 있는 것을 생각해 보면, 달 무덤이 생기는 것도 그리 놀랄 만한 일은 아니에요.

1984년에 나온 일본 공상과학만화영화 「달로스」에는 이런 장면이 나와요. 달 식민지에 살고 있는 주인공의 할아버지가 죽기 전에 지구를 보고 싶어 해요. 그래서 주인공은 할아버지를 모시고 지구가 보이는 곳으로 가죠. 달을 반 바퀴 돌아가자 지구가 보이기 시작했어요. 할아버지는 떠오르는 지구를 보며 죽고 말아요. 그런데 할아버지가 숨을 거둔 그곳은 바로 무덤이 있는 곳이었어요. 이 달 무덤은 늘 지구 쪽을 바라보는 달의 앞면에 있어요. 무덤에서라도 늘 지구를 바라볼 수 있게 한 것이죠.

달은 늘 같은 얼굴을 지구 쪽으로 보이면서 지구를 돌기 때문에 지구에서는 달의 뒤통수를 볼 수 없어요. 달 뒤쪽에 사는 생물이 있다면, 이 생물 또한 지구를 볼 수 없지요. 이 생물이 달의 앞쪽으로 갈 형편이 안 된다면 평생 지구가 있다는 것조차 모를 거예요.

아무튼 지금은 상상으로만 우주여행을 할 수 있어요. 그러나 죽어서라도 우주에 묻히고 싶어 하는 사람들도 많이 있나 봐요. 뼛가루를 우주 공간에 뿌려 준다는 회사 말고도 작은 우주선에 유전자 샘플을 넣어서 우주로 보내 준다는 회사도 있어요. 우리 돈으로 1,500만 원쯤 든다고 하는데, 신청한 사람들이 꽤 있다네요. 지구도 넓은 우주의 한 부분인데, 굳이 우주에 유전자나 뼛가루를 보낼 필요가 있을까요?

이런 것도 우주개발 사업이라고 부를 수 있을지 모르겠지만, 이런 상품을 내놓는 회사들은 점점 더 늘어날 것이라고 해요. 사람들이 이런 사업을 하는 까닭은 무엇일까요? 돈을 벌 수 있기 때문이에요.

그러나 좀 더 깊이 생각해 보면, 이런 것들은 우주에서는 쓰레기에 불과해요. 50억 년 뒤 태양이 늙고 부풀어 지구를 삼킬 때 이 쓰레기들도 함께 삼킬 거예요. 지구와 쓰레기들은 모두 녹고 분해되어 원자로 변해요. 그렇게 되면 아무도 이 원자들이 어디서 왔는지 알 수 없죠. 그냥 태양의 일부분인 거예요. 태양이 죽으면 태양의 거죽은 우주로 날려 가고 날려 간 부분은 우주를 돌아다니다 또 다른 별이나 행성의 원료가 돼요. 결국 죽어서 지구에 있거나 뼛가루를 우주로 보내거나 50억 년 뒤 운명은 모두 같아요. 아무도 우주의 모든 것은 재활용된다는 훌륭한 원칙에서 벗어날 수는 없으니까요

5부
요기를 봐, 요기!

우주는 어디까지 알려졌나? ★ 천문학의 역사

약 137억 년 전 | 우주가 생겼어요. 지구인들은 처음 우주가 생긴 과정에 대해 여러 가지 이론들을 만들었지요. 하지만 정확히 어떻게 만들어졌는지는 아무도 몰라요.

45억 년 전 | 우리 은하 한구석에서 태양이 생기고 행성들도 덩달아 생겼어요. 우리 은하에서는 이미 수많은 별들이 생겼다가 죽는 과정을 되풀이한 뒤였죠. 태양과 지구도 죽은 별들의 찌꺼기 가운데서 태어났어요.

6,500만 년 전 | 소행성이 지구에 떨어지는 바람에 공룡들이 모두 죽었어요. 지금 사람이 온 지구에 퍼져 안 가는 곳이 없듯이 그때 지구는 공룡들 천지였어요. 영원할 것 같았던 공룡 세상이 소행성 하나 때문에 사라지고 말았죠.

약 4만 년 전 | 드디어 현생인류(호모사피엔스사피엔스)가 나타났어요. 지금 우리의 모습과 많이 비슷해요.

기원전 200년 무렵 |  에라토스테네스(Eratosthenes)가 지구의 크기를 처음으로 쟀어요. 첨단 장비라고는 하나도 찾아볼 수 없는 시대였지만 에라토스테네스가

234

잰 지구의 크기는 지금 우리가 잰 지구의 크기와 크게 다르지 않았다고 해요. 사람들은 이미 지구가 둥글다는 것을 알고 있었던 거예요.

기원전 150년 무렵

히파르코스(Hipparchos)가 지중해의 로도스 섬에 천문대를 세우고, 대략 1,000개 정도 되는 별의 위치를 정한 별자리 그림을 만들었어요. 그는 별의 겉보기 밝기를 여섯 개의 등급으로 나누어 가장 밝은 별을 1등급, 가장 어두운 별을 6등급으로 표시하였는데 이 등급 체계는 지금도 유용하게 쓰인답니다.

140년 무렵

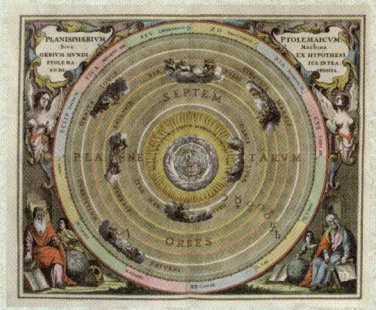

프톨레마이오스(Klaudios Ptolemaios)가 『천문학 집대성』을 썼어요. 모두 열세 권으로, 자신의 연구와 히파르코스의 업적을 포함해 과거 천문학자들의 성과를 집대성했지요. 프톨레마이오스는 수십 개의 원을 동원해 천체의 움직임을 이해하려고 애썼어요.

1054년

황소자리에서 초신성이 나타났어요. 500년이 지난 후, 그 자리에는 게성운이 남았어요. 이것은 커다란 별이 폭발하고 남은 찌꺼기예요.

1473년  코페르니쿠스(Nicolaus Copernicus)가 태어났어요. 코페르니쿠스는 지구는 우주의 중심이 아니고 태양을 도는 행성 가운데 하나라고 생각했답니다.

1543년 코페르니쿠스가 죽었어요. 태양을 중심으로 모든 행성들이 돌고 있다는 '태양중심설'은 그가 지은 『천체의 회전에 관하여』라는 책을 통해 이 무렵에야 발표되었죠. 모든 사람들이 우주의 중심은 지구라고 생각할 때였으므로 혼자서 '태양중심설'을 부르짖는 것은 대단한 용기가 필요한 일이었어요.

1564년  갈릴레오 갈릴레이(Galileo Galilei)가 세상에 태어났어요.

1610년 46세에 접어든 갈릴레이는 자기가 직접 만든 망원경으로 목성의 위성과 토성의 고리 그리고 수없이 많은 별들을 관측했어요. 하지만 그의 망원경은 너무 흐려서 토성의 고리를 제대로 알아보지 못했어요.

1616년 52세가 된 갈릴레이는 코페르니쿠스가 발표한 '태양중심설'을 여기저기 말하고 다니다가 로마교황청으로부터 경고를 받았어요. 다시는 그러지 말라는 충고를 받았죠.

1619년  요하네스 케플러(Johannes Kepler, 1571~1630)가 『우주의 조화』라는 책을 통해 행성의 운동을 지배하는 세 가지 법칙을 설명했어요.

1676년  올라우스 뢰머(Olaus Rømer, 1644~1710)가 빛의 속도를 측정했어요. 그때 측정한 빛의 속도는 초속 23만 킬로미터였어요. 최첨단 장비를 사용해서 요즘 알아낸 빛의 속도는 초속 30만 킬로미터예요. 뢰머가 잰 빛의 속도는 성능이 떨어지는 망원경으로 알아낸 것치고는 정확한 값이에요.

1687년  아이작 뉴턴(Isaac Newton, 1643~1727)이 『프린키피아』(원래 제목은 '자연철학의 수학적 원리')라는 책을 냈어요. 이 책에 인력은 두 물체 사이의 거리의 제곱에 반비례한다는 '만유인력의 법칙'이 나오지요. 또 운동의 법칙에 관해서도 설명했는데 이것들은 고전역학의 바탕이 되었답니다.

1784년 샤를 메시에(Charles Messier)가 103개에 이르는 '메시에 목록'을 완성했어요. 25년간 꼼꼼하게 하늘을 살피며 혜성과 비슷한 천체를 찾아 기록한 것이 메시에 천체들이죠. 지금도 천문학자들은 메시에가 만든 목록을 관측할 때가 많아요.

1781년  음악가 윌리엄 허셜(William Herschel)이 동생 캐럴라인 허셜(Caroline Herschel)과 함께 천왕성을 발견했어요.

1801년  수도사 주세페 피아치(Giuseppe Piazzi)가 소행성 세레스를 발견했어요. 이때 독일에서는 천문학자 여섯 명이 모여 소행성 정찰대를 만들면서까지 소행성을 찾았지만, 첫 번째 소행성을 찾는 영광은 이 이탈리아 수도사에게 돌아가고 말았어요.

1839년  1837년, 루이 다게르(Louis Daguerre, 1787~1851, 왼쪽)가 은판사진 제작법을 공개했어요. 윌리엄 허셜의 아들이며 당시 왕립천문학회 회장이었던 존 허셜(John Herschel, 1792~1871, 오른쪽)이 이 새로운 기술을 천문학에 사용했지요. 은판사진 기술 덕분에 아주 희미한 천체도 사진으로 찍을 수 있게 되었어요.

1846년 수학자 존 카우치 애덤스(John Couch Adams, 왼쪽)와 위르뱅 르베리에(Urbain Le Verrier, 오른쪽)가 계산한 위치에서 여덟 번째 행성인 해왕성이 발견되었어요.

1879년  알버트 아인슈타인(Albert Einstein)이 독일 울룸에서 태어났어요.

1905년 26세인 아인슈타인이 '질량은 에너지로, 에너지는 질량으로 바뀔 수 있다'는 내용의 공식 '$E=mc^2$'을 발표했어요.

1911~1913년 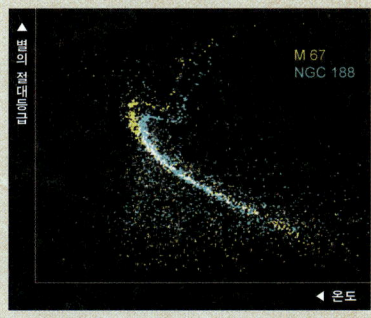 에이나르 헤르츠스프룽(Ejnar Hertzsprung)과 헨리 노리스 러셀(Henry Norris Russell)은 별의 색깔과 표면 온도 사이의 관계를 각각 연구하여 발표했어요. 그 결과를 두 사람 다 인정받아 둘의 이름을 따서 '헤르츠스프룽-러셀도'(H-R도)라고 부른답니다. 별들의 인구조사 표와도 같은 이 그림은 지금도 천문학을 공부하는 사람이라면 반드시 알고 넘어가야 하는 중요한 그림으로 손꼽히죠.

1912년  헨리에타 스완 리비트(Henrietta Swan Leavitt)가 세페이드 변광성의 변광 주기와 별의 절대등급 사이의 관계를 알아냈어요. 이로써 우리 은하 밖의 은하까지의 거리도 잴 수 있게 되었지요.

1916년 아인슈타인이 상대성이론을 발표했어요.

1917년 할로 섀플리(Harlow Shapley)는 은하수의 모양을 연구하던 중 태양이 우리 은하의 중심에 있지 않고 변두리에 있다는 사실을 알아냈어요. 코페르니쿠스가 '태양중심설'을 발표한 뒤 우주의 중심이 태양이라고 생각하며 그나마 위로받던 지구인들은 실망할 수밖에 없었죠. 태양조차 우리 은하의 중심에 있지 않았으니까요.

1919년 일식을 관측하면서 빛이 중력에 의해 휜다는 사실이 증명되었어요. 아인슈타인의 상대성이론은 이때부터 인정받기 시작했어요.

1920년 섀플리와 허버 커티스(Heber D. Curtis, 1872~1942)가 천문학사에 남을 유명한 토론을 했어요. 섀플리는 나선 성운이 은하수 안에 있다고 주장했고 커티스는 나선 성운은 은하수 밖에 있는 또 다른 은하라고 주장했어요. 과연 누구의 말이 맞는 것일까요?

1923년 에드윈 허블(Edwin Hubble)이 안드로메다 은하까지의 거리를 재서 커티스의 주장이 옳음을 증명했어요. 우주에는 우리 은하 말고도 다른 은하들이 많이 있었어요. 태양과 지구가 있는 은하는 그 무수한 은하들 가운데 하나라는 것이 밝혀졌죠. 지구인의 자존심은 끝이 없이 떨어져 가고 있었어요.

1929년 허블이 우주는 팽창하고 있음을 증명했어요. 이를 '허블의 법칙'이라고 부르죠.

1930년  클라이드 톰보(Clyde W. Tombaugh, 1906~97)가 24세의 나이에 명왕성을 발견했어요.

1944년

안드로메다 은하

2차 세계대전이 일어나자 밤에는 불을 모두 꺼야 한다는 등화관제가 실시되었어요. 천문학자들에겐 이보다 더 좋은 기회가 없었어요. 다른 불빛이 없이 별만 볼 수 있기 때문이죠. 월터 바데(Walter Baade, 1893~1960)는 이때 열심히 안드로메다 은하를 관측해서 은하의 중심과 팔 부분에는 각기 다른 종류의 별들이 살고 있음을 알아냈어요. 그 결과는 우리 은하에도 그대로 적용되었어요.

1950년

오르트 구름

얀 오르트(Jan Oort, 1900~92)가 태양계를 둘러싼 수많은 돌덩어리에 대해 이야기했어요. 이제 사람들은 이것들이 태양계 안쪽으로 들어오면 혜성이 된다고 믿어요. 태양계를 둘러싼 이 돌덩어리들을 '오르트 구름'이라고 해요.

1957년 러시아에서 스푸트니크 1호를 쏘아 올려서 지구 둘레를 돌게 하는 데 성공했어요. 또 러시아에서는 같은 해에 우주선에 개를 태워 보내기도 했어요.

스푸트니크 1호

1958년 미국에서 뱅가드 1호를 쏘아 올리는 데 성공했어요.

뱅가드 1호

1961년   4월 12일, 러시아의 유리 가가린(Yuri Gagarin, 1934~68, 왼쪽)이 처음으로 우주에 가 본 지구인이 되었어요. 미국에서는 이보다 3주 늦게 앨런 셰퍼드(Alan Shepard, 1923~98, 오른쪽)가 우주 비행을 하는 데 성공했어요.

1963년  발렌티나 테레시코바(Valentina Tereshkova)가 여성으로는 처음으로 우주인이 되었어요.

1969년  닐 암스트롱(Neil Armstrong)이 처음으로 달에 한 발을 내디뎠어요.

1977년 보이저 2호가 지구를 떠났어요. 보이저 2호는 신비로운 구름에 둘러싸인 목성의 모습을 지구인들에게 자세히 보여 주었어요. 또 지구에서는 잘 알 수 없는 목성의 위성들도 자세히

보이저 2호와 목성 관찰 사진

보여 주었지요. 토성, 천왕성, 해왕성의 비밀스런 모습을 관찰한 보이저 1호와 2호는 지금 태양계를 벗어나 다시는 돌아올 수 없는 머나먼 우주로 여행을 떠났어요.

1981년 우주왕복선이 발사되었어요.

1986년  우주왕복선 챌린저호가 발사되자마자 폭발하고 말았어요.

1990년 허블 우주망원경이 대기권을 벗어나 지구궤도에 진입했어요. 천문학자들의 숙원인 '공기 없는 곳에서 별을 보는 일'이 마침내 이루어진 거죠.

1994년

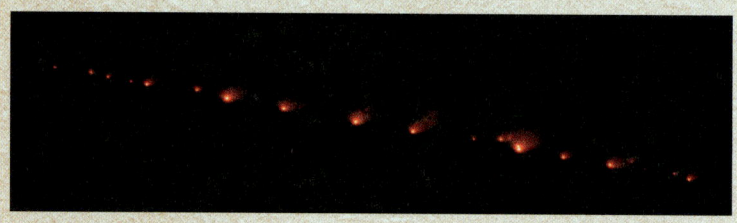

슈메이커-레비 혜성이 목성과 부딪혔어요. 지구인들은 혜성이나 소행성이 지구에도 떨어질지 모른다는 공포를 느끼게 되었어요. 영화사들은 재빨리 혜성과 소행성이 지구에 부딪힌다는 이야기를 주제로 「딥 임팩트」나 「아마겟돈」 같은 영화를 만들었어요.

1995년

태양과 비슷한 페가수스자리 51번 별에서 행성 51b를 찾아 냈어요.

2008년

한국인 이소연이 국제우주정거장에서 11일 동안 머물며 각종 실험을 했어요.

2009년

전라남도 고흥에 나로우주센터가 완공되었어요. 이로써 우리나라에도 우주 발사체를 쏘아 올릴 수 있는 발사장이 생긴 것이지요.

요기를 눌러 봐

인터넷을 잘 이용하면 우주에 관한 정보를 아주 많이 얻을 수 있답니다.

한국천문연구원

우리나라에 하나밖에 없는 정부 출연 연구소예요. 그게 무슨 말이냐고요? 우리나라 정부에서 돈을 대 준다는 뜻이에요. 보현산천문대와 소백산천문대도 이 연구원의 일부예요. 대전에 있는 한국천문연구원에는 커다란 접시처럼 생긴 전파망원경이 있어요. 이 연구소에 대해서 알고 싶은 것이 있으면 요기 www.kasi.re.kr 을 눌러 보세요. 이 홈페이지에 가면 다른 홈페이지를 알려 주는 꼭지도 있어요.

한국아마추어천문학회

작은 망원경을 들고 직접 별을 보는 것을 즐기고 싶은 아마추어 천문가들에게 필요한 정보가 많이 있는 곳이에요. 여러분이 궁금했던 것들이 술술 풀릴 거예요. 아마추어 천문가들이 찍은 멋있는 사진도 있어요. 멋진 사진과 정보를 얻으려면 요기 www.kaas.or.kr을 눌러 보세요.

NASA

미국항공우주국 홈페이지예요. 화면이 온통 영어로 나와서 괴롭겠지만 사진만 봐도 정말 재미있답니다. 홈페이지 왼쪽 아래의 '이미지 갤러리 보기'(View Image Gallery)로 들어가면 온갖 우주 사진이 쏟아지지요. 요기 www.nasa.gov를 눌러 보세요.

요기로 가 봐

요즘은 망원경을 갖추어 놓고 원하는 사람에게 별을 보여 주고 궁금한 것도 가르쳐 주는 천문대가 많이 생겼어요. 지방자치단체에서 운영하는 공공 천문대도 있고, 개인이 만든 사설 천문대도 있죠. 도시에서 멀리 떨어진 곳에도 있고 도시 한가운데에도 있어요. 입맛대로 골라 가는 천문대 여행, 떠나 볼까요?

금구원천문대
채석강으로 이름난 변산반도에 있는 이 천문대는 식구들끼리 가는 것이 좋아요. 근처에 조각 공원도 있어요. ☎ 063-584-6770

김해천문대
경상남도 김해에 있는 천문대예요. 바다도 구경하고 별도 보고. ☎ 055-337-3785

대전시민천문대
대전광역시 신성동에 있는 대전시민천문대는 시내 한가운데에 있어서 큰마음 먹지 않아도 갈 수 있는 아주 좋은 천문대예요. 소풍 가는 기분으로 가 보세요. ☎ 042-863-8763

덕초현 천문인마을
강원도 횡성에 있는 이 천문대는 주변 경치가 아주 좋아요. 단체로 가기에 좋은 곳이에요. ☎ 033-342-9023

별마로천문대
강원도 영월에 있는 천문대로 영화에 나오기도 했어요. 산에서 내려다보는 영월 시가 아주 멋지답니다. 동강에서 래프팅을 할 수도 있어요. ☎ 033-374-7460

보현산천문대
연구기관이기 때문에 일반인들에게 늘 공개하지는 않아요. 그러나 과학의 달 4월에 공개 행사를 하니 전화해서 물어본 뒤 구경하러 가세요. 참, 전시관은 늘 열려 있어요. ☎ 054-330-1000

서귀포천문과학문화관
제주도에 있는 천문대예요. 남쪽에 있어 우리나라에서는 제주도에서만 보인다는 노인성을 볼 수 있답니다. 노인성을 보면 오래 산대요. ☎ 064-739-9701

성암천문대
전라남도 담양의 병풍산 기슭에 있어요. 국제청소년교육재단 안에 있어서 식물원과 민속자료실도 가 볼 수 있어요. 단체로 가기에 좋아요. ☎ 061-381-8361

세종천문대
경기도 여주에 있어요. 주변에 강이 있어 낮에는 래프팅도 할 수 있어요.
☎ 031-886-2200

소백산천문대

이곳 역시 연구기관이에요. 소백산국립공원 안에 천문대가 있어요. 이곳을 찾은 사람들은 덤으로 단양팔경을 둘러볼 수 있어요. 소백산천문대 역시 아무 때나 공개하지 않으니 전화로 알아본 뒤 구경을 가는 것이 좋아요. ☎ 043-422-1108

송암천문대

경기도 양주에 있는 천문대예요. 천문대 안에는 맛있는 스파게티를 파는 식당도 있어요. ☎ 031-894-6000

안성천문대

경기도 안성에 있는 이 천문대에는 단체로 구경 오는 학생들이 아주 많다고 해요. ☎ 031-677-2245

코스모피아천문대

경기도 가평에 가면 명지산이 있어요. 여기에 가면 밤에는 별을 보고 낮에는 계곡에서 쉬거나 등산을 할 수 있어요. ☎ 031-585-0482

요 책을 봐

어른들이 읽으라고 나온 우주 이야기 책은 많이 있어요. 그런 책들은 글씨도 작고 내용이 너무 많아 책을 읽기 싫어하는 친구들은 아마 겉장만 보고도 고개를 절레절레할걸요? 하지만 그림이 많이 있는 그림책도 있어요. 어떤 것이 있을까요?

갈릴레오 갈릴레이 피터 시스 지음 | 시공주니어 1999

종교 재판을 받고 나오며 "그래도 지구는 돈다"고 말한 이름난 천문학자 갈릴레오의 이야기를 그림책으로 만들었어요. 중세 시대 유럽의 분위기가 느껴지는 그림들이 한층 재미를 더해 주죠.

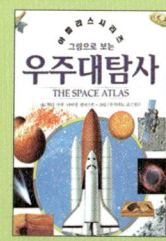

그림으로 보는 우주대탐사 헤더 쿠퍼 지음 | 기린원 1994

멋진 그림이 가득 있는 그림책이에요. 태양계 이야기와 별들 이야기 그리고 은하 이야기가 들어 있어요. 사실적인 그림을 좋아하는 어린이들이 보면 좋을 거예요.

살아 있는 우주 갈리마르 편집부 지음 | 마루벌 2003

고대의 천체에 관한 신화부터 근대의 갈릴레이 망원경, 현대의 우주정류장까지 흥미진진한 우주 정보가 입체적으로 펼쳐져 있어요.

신기한 스쿨버스 4 – 태양계에서 길을 잃다   조애너 콜 글, 브루스 디건 그림
비룡소 1999

신기한 마술 스쿨버스가 우주선으로 변했어요. 우주로 간 선생님과 친구들은 과연 무사히 지구로 돌아올 수 있을까요? 무척 황당하지만 재미있는 스쿨버스를 타고 태양계 여행을 해 보세요.

우주가 우왕좌왕   샤르탄 포스키트 지음 | 김영사 1999

재미있는 그림과 함께 우주 이야기를 간단하게 들려주는 책이에요. 이 책을 읽으면 과학 상식을 넓힐 수 있어요.

우주 탐험   마틴 레드펀 지음 | 다섯수레 2000

우주에 관한 지식을 백과사전으로 만든 책이에요. 다양한 상식을 익힐 수 있답니다. 긴 글을 읽기 싫어하는 친구들이라면 이 책을 보세요.

이번에는 글이 더 많이 있는 책을 알려 줄게요. 부모님과 함께 읽어도 좋을 거예요. 필요한 부분만 골라서 읽어도 되고요. 우주에 관심이 아주 많은 친구라면 아마 다 읽을 수 있을 거예요.

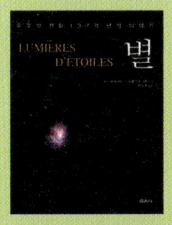

별 앙드레 브라익·이자벨 그르니에 지음 | 열음사 2010

우주의 역사에 대해 다룬 책이에요. 멋진 사진이 많답니다. 새로운 감각의 우주에 관한 책을 보고 싶다면 이 책을 보세요.

오레오 쿠키를 먹는 사람들 리처드 프레스턴 지음 | 영림카디널 2004

미국의 팔로마산천문대에서 퀘이사를 찾는 천문학자와 소행성을 찾는 천문학자 들의 이야기예요. 이 책을 쓴 사람은 천문학자들을 그림자처럼 따라다니며 그들이 하는 말과 행동을 모두 기록해서 썼다고 해요. 천문학자들의 인간적인 모습과 자라 온 이야기들도 실려 있어요.

코스모스 칼 세이건 지음 | 사이언스북스 2004

세계적으로 이름난 천문학자 칼 세이건(Carl Sagan, 1934~96)이 쓴 책이에요. 미국항공우주국에서 행성 탐사 우주선을 쏘아 보낼 때 같이 일한 경험을 바탕으로 생생한 우주 이야기를 들려주죠. 텔레비전 다큐멘터리로 만들어져 전 세계에 방영되기도 했어요.

타이슨이 연주하는 우주 교향곡 1·2   닐 디그래스 타이슨 지음 | 승산 2008
『유니버스』라는 월간지에 연재했던 글을 모아 만든 책이에요. 우주를 다양한 관점으로 바라본 재미난 글들이 있어요.

탐사선이 바라본 태양계의 모든 것   일본 뉴턴프레스 엮음 | 뉴턴코리아 2009
큼직하고 시원스런 사진이 잔뜩 들어 있는 책이에요. 태양계에 대해 더 자세히 알고 싶은 사람이 보면 좋아요.

풀코스 별자리여행 · 풀코스 우주여행   김동훈 · 김지현 지음 | 현암사 1999
『풀코스 별자리여행』에는 별자리와 별자리에 얽힌 전설이 멋진 그림과 함께 소개되어 있고, 『풀코스 우주여행』에는 행성과 먼 우주에 대한 이야기가 나와 있어요.

하늘을 보는 눈   고베르트 실링 외 지음 | 사이언스북스 2009
'2009 세계 천문의 해'를 기념하면서 세계 천문의 해 한국조직위원회가 우리말로 옮겼어요. 망원경의 역사에 대해 아주 잘 나와 있답니다.

요 영화를 봐

우주에 대한 책이 읽기 싫다면 영화를 보세요. '잘 만든 영화 한 편 열 책 안 부럽다'는 말도 있잖아요. 우주 이야기가 나오는 영화에는 어떤 것이 있을까요?

이티 (1982)

감독: 스티븐 스필버그　　출연: 피터 코요테, 로버트 맥노튼

지구를 조사하러 온 외계인 이티가 혼자 지구에 남아 주인공 엘리엇을 만나고, 엘리엇의 도움을 받아 고향 별로 돌아간다는 이야기예요. 이 영화에서는 이티를 고향 별에서 오는 우주선으로 데려가기 위해 엘리엇과 아이들이 경찰들을 따돌리며 이티와 함께 자전거를 타고 도망가는 장면이 가장 멋이 있어요. 커다란 달과 지는 해를 배경으로 이티와 친구들이 탄 자전거가 하늘을 나는 장면은 아주 감동적이죠. 외계인이 있다고 믿는 친구들은 꼭 보세요.

토탈 리콜 (1990)

감독: 폴 버호벤　　출연: 아널드 슈워제네거

화성을 배경으로 한 영화예요. 화성 식민지에는 나쁜 사람이 화성을 다스리고 있었어요. 이 사람은 기준에 맞지 않는 재료로 화성 도시를 덮는 지붕을 만들어 사람들을 암에 걸리게 하고 공기도 사서 마시게 하죠. 무엇보다 화성인들이 만들어 놓은, 공기를 만드는 기계가 땅속에 있는 것을 알면서도 계속 돈을 벌기 위해

그 사실을 숨겨요. 이 사실을 안 주인공이 위험을 무릅쓰고 땅속에 숨겨진 그 기계를 가동시켜 화성을 지구와 같이 살기 좋은 행성으로 만든다는 이야기예요.

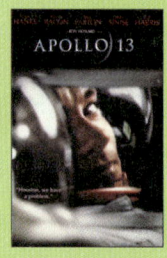

아폴로 13 (1995)

감독: 론 하워드　　출연: 톰 행크스, 빌 팩스턴

가장 먼저 달에 사람을 실어다 준 우주선이 아폴로 11호였어요. 그 뒤에도 아폴로 우주선은 많은 우주인들을 달나라로 데려다 주었죠. 그러나 아폴로 13호는 우주 비행 도중 우주선에 사고가 생겨 달에 가는 것은 둘째 치고 우주인들이 살아서 지구로 돌아오기도 힘든 형편이었어요. 다행스럽게도 우주선에 타고 있던 우주인들은 서로 힘을 모으고 감정을 잘 다스려 무사히 지구로 돌아오게 되었죠. 이것은 진짜로 있었던 일이에요. 「아폴로 13」은 이 이야기를 영화로 만든 것이에요.

콘택트 (1997)

감독: 로버트 저메키스　　출연: 조디 포스터

이 영화에 나오는 여자 주인공을 보면 운이 없었던 천문학자 조슬린 벨 버넬이 생각나요. 영화의 주인공은 버넬처럼 전파망원경으로 지구 밖에서 오는 우주전파를 열심히 해석하는 사람이었거든요. 이 영화에서는 외계인이 보낸 전파 신호를 받아 낸 주인공이 외계인들이 알려 준 대로 우주선을 만들어요. 지구인의 기술로는 별과 별 사이를 짧은 시간에 여행하는 우주선을 만들 수 없죠. 하지만 지구보다 과학 기술이 훨씬 발달한 외계인들은 그런 우주선을 만들 수 있었어요. 주인공은 이렇게 만든 우주선을 타고 우주여행을 하고 오죠. 그 우주선이 어떻게 생겼는지 궁금한 사람들은 이 영화를 보세요.

딥 임팩트 (1998)

감독: 미미 레더   출연: 로버트 듀발, 티아 레오니

혜성이 지구와 부딪히면 어떻게 될까요? 그것도 아주 큰 혜성이 말이에요. 지구를 향해 달려드는 혜성 때문에 벌어지는 일들이 이 영화의 이야기예요. 영화 속의 사람들은 제비뽑기로 지하 대피소에 들어갈 사람들을 뽑아요. 그래야 혜성과 부딪힌 뒤 지구가 멸망해도 사람들이 살아남을 수 있기 때문이죠. 한편 과학자들은 혜성에 폭탄을 쏘아 혜성이 지구에 부딪히기 전에 혜성을 파괴하려고 해요.

아마겟돈 (1998)

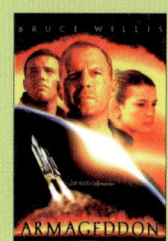

감독: 마이클 베이   출연: 브루스 윌리스, 빌리 밥 손튼

이 영화에서는 혜성이 아닌 소행성이 지구로 달려들어요. 소행성으로부터 지구를 지키는 방법은 단 하나, 소행성에 사람이 가서 구멍을 뚫고 그 구멍 속에 원자폭탄을 넣고 다시 돌아오는 거예요. 폭탄이 터지면서 소행성은 산산조각이 나겠죠. 그래서 석유를 땅속에서 끌어내는 일을 하는 사람들이 소행성으로 가게 돼요. 땅에 구멍을 뚫는 일을 이 사람들보다 더 잘할 사람들은 없을 테니까요. 마지막에는 지구를 살리기 위해 단 한 사람이 소행성에 남아 폭탄을 터뜨리고, 지구는 결국 무사하게 되지요. 1997년,

아폴로 소행성 가운데 하나가 지구에 바싹 다가와 사람들을 놀라게 한 적이 있어요. 「딥 임팩트」와 「아마겟돈」은 이런 일이 있은 뒤 만들어진 영화예요.

로스트 인 스페이스 (1998)

감독: 스티븐 홉킨스   출연: 윌리엄 허트, 미미 로저스

2058년 지구 오존층이 모두 사라지고 자원마저 고갈되자 인류는 살기 위해 우주로 나가요. 그러나 함부로 나갈 수는 없는 일. 시험 우주선에서 3년 동안 우주여행 훈련을 받은 한 가족이 지구를 대신할 행성으로 우주여행을 떠나는 것이 이 영화의 줄거리예요. 과연 이들은 그 행성에서 행복하게 살까요?

스타 워즈 – 에피소드 1 (1999)

감독: 조지 루카스   출연: 리암 니슨, 이완 맥그리거

이미 「스타 워즈」는 1977년, 1980년, 1983년에 차례로 세 편이 극장에서 상영된 적이 있어요. 이 영화가 상영된 뒤 어린이들 사이에는 광선검이 아주 인기를 끌었죠. 이후 1999년에 개봉된 「스타 워즈–에피소드 1」에서는 양쪽에 날개 같은 것을 단 자동차 경주 장면이 아주 신나요. 늘 사고를 치는 외계인 바바도 재미있고요. 사실 바바는 상상 속의 인물이라, 영화를 찍는 동안 배우들은 바바가 옆에 있다고 생각하고 연기를 했대요. 연기하느라 힘들었겠죠?

갤럭시 퀘스트 (1999)

감독: 딘 패리소트 출연: 시고니 위버, 팀 앨런

「스타 트렉」(1979)이라는 유명한 공상과학영화를 바탕으로 다시 재미있게 만든 영화예요. 「스타 트렉」은 텔레비전 드라마로 처음 제작되었다가 아주 인기가 좋아서 텔레비전 연속 드라마로 계속해서 만들어지는 한편, 영화로도 여러 차례 만들어졌어요. 여기에 나오는 우주선이나 여러 가지 장비들을 다룬 『스타 트렉의 물리학』(1995)이라는 책도 나왔을 정도예요. 이 영화는 외계인들이 「스타 트렉」을 찍는 배우들을 진짜 군인으로 착각하면서 벌어지는 일들을 재미있게 그려 놓았어요.

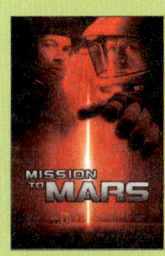

미션 투 마스 (2000)

감독: 브라이언 드 팔마 출연: 게리 시나이즈, 코니 닐슨

화성에는 지구인보다 발달한 문명을 지닌 화성인이 살고 있다는 줄거리의 영화예요. 화성의 붉은 모래 바람은 정말로 있었던 모습을 찍은 것처럼 생생해요. 물론 컴퓨터로 그린 그림이지만요. 이 영화를 만들기 위해 화성 전문 행성학자들에게 도움말을 많이 들었다고 해요. 화성에 관심이 많은 친구들은 한번 보세요.

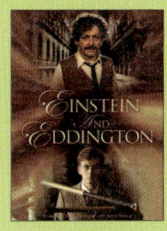

아인슈타인과 에딩턴 (2008)

연출: 필립 마틴 출연: 데이비드 테넌트, 앤디 서키스

이 작품은 영국 BBC 방송에서 만든 1부작 드라마입니다. 아인슈타인이 상대성이론을 발표한 지 10년이 되도록 아무도 그 이론을 이해하지 못하고 있을 때 그 이론의 진가를 알아본 이가 바로 아

서 에딩턴이에요. 그럼 두 사람은 당장 만나서 과학 이야기꽃을 피웠을까요? 그렇지 않아요. 1차 세계대전이 막바지에 이르렀을 무렵, 아인슈타인은 독일 베를린에, 에딩턴은 영국 런던에 있었어요. 서로 적국이라 왕래를 할 수 없음은 물론 공식적으로 편지도 주고받을 수 없었죠. 그러나 에딩턴은 아인슈타인에게 몰래 편지를 보내 상대성이론에 대해 토론했어요. 또 1919년 아프리카에서 일어난 개기일식을 관측해 아인슈타인의 이론이 틀림없음을 증명해 주었지요. 20세기 초 유럽의 분위기가 잘 나타나 있는 이 드라마를 보면서 에딩턴과 아인슈타인을 만나 보세요.

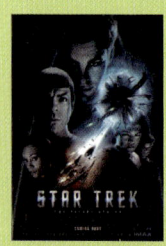

스타 트렉—더 비기닝 (2009)

감독: J. J. 에이브럼스   출연: 크리스 파인, 재커리 퀸토

텔레비전 시리즈였던 「스타 트렉」을 영화로 리메이크한 작품이에요. 예전에 나왔던 배우들은 모두 늙어서 무대 뒤로 사라졌고 새로운 배우들이 등장한답니다. 그러나 주인공과 영화에 나오는 인물은 예전 그대로예요. 흥미진진한 이 영화를 보다 보면 미래에 우주여행 시대가 왔을 때 이럴 수도 있을 것 같아요.

허블 3D (2011)

연출: 토니 마이어스   출연: 리어나도 디캐프리오, 안철수(내레이터 역)

1990년 우주망원경 '허블'이 지구 대기권을 벗어나 우주를 보기 시작했어요. 지구인들은 허블 우주망원경이 보여 줄 우주를 궁금해 했지요. 하지만 우주망원경은 여러 차례 고장이 나 수리를 받아야 했어요. 우주에 있는 망원경을 고치려니 과학자들은 우주비

행사가 되어야만 했어요. 영화에는 이 과학자들이 훈련을 받는 과정, 우주에서 우주선을 고치는 과정이 고스란히 담겨 있답니다. 허블 우주망원경이 찍은 신비로운 우주의 모습도 볼 수 있지요. 그것도 3D로 말이에요. 미국에서는 영화배우 리어나도 디캐프리오가 해설을 맡았고, 우리나라에 상영될 때는 안철수 교수가 해설에 참여해 화제가 되기도 했어요.

달 탐사, 그 후
(원제 The Evolution of the Moon, 일본 NHK 제작, EBS 방영)

2007년 9월 일본우주항공연구개발기구는 달 탐사 위성 '가구야'를 달로 보냈어요. 가구야에는 아주 정교하고 치밀한 고해상도 카메라가 달려 있어서 달을 자세히 볼 수 있었지요. 이것은 미국의 아폴로계획 이후에 이루어진 가장 큰 규모의 탐사였다고 해요. 이 다큐멘터리에는 지구의 일부가 떨어져 나가 달이 되는 과정을 담은 애니메이션도 담겨 있어요. 달이 궁금한 사람들은 이 다큐멘터리를 꼭 보세요.

초판본 작가의 말

1. 내 수첩에서

2000년이 저물어 가는 어느 날 나는 전화를 한 통 받았어요.
"선생님, 책 겉장을 만들어야 되겠는데요, 머리말 좀 써서 보내 주세요."
전화를 끊고 나는 생각했어요.
'드디어 책이 완성되는구나. 그동안 글 쓰고 사진 찾고 삽화까지 그리며 고생한 걸 생각하면 머리말쯤이야 식은 죽 먹기지. 암, 그렇고말고. 어디, 시작해 볼까.'
그리고 용감하게 책상에 앉았어요. 하지만 그 뒤로 붓방아 찧기를 하루, 이틀, 사흘. 한 줄도 못 쓰고 일주일이 지나가 버렸어요. 머리말을 쓰는 것은 쉬운 일이 아니었습니다.
그러다 오늘 아침 우연히 수첩을 뒤적이게 되었는데, 거기에는 작년 여름 어린이신문에 처음 글을 쓰기 시작할 무렵 적어 놓은 글 조각들이 있었어요. 그 내용들을 한번 볼까요?

'어린이책이며 잡지를 아무리 들여다보아도 전문인이 어린이 눈높이에 맞추어 쓴 글은 쉽게 찾아볼 수가 없다. 글 쓰는 재주를 가진 사람은 과학에 대한 전문 지식이 부족하고, 과학에 대해 잘 아는 사람은 글 쓰는 재주가 모자라니,

모든 것을 다 갖춘 좋은 글을 보는 것은 정말로 힘들다.'

'어린이책 가운데 새로 나온 과학책이라고 해서 사 보면, 책들은 대부분 잡다한 지식들을 늘어놓기에 바쁘다. 과학이란 생활 속에 알게 모르게 뿌리박혀 있어서, 주변에서 일어나는 일들을 주의 깊게 관찰하다 보면 나도 모르는 사이에 과학 공부를 하게 되는 것인데, 이런 경험을 할 사이도 없이 이 책 저 책에서 먼저 가르쳐 주니 아이들이 속 빈 강정처럼 헛똑똑이가 되어 간다. 모름지기 좋은 과학책이란 잡다한 상식을 담은 책이 아니라 생각하는 방법을 가르쳐 주는 것이라야 한다.'

'나중에 커서 무엇이 되고 싶으냐고 물으면 아직도 과학자가 되고 싶다고 하는 아이들이 많다. 하지만 그런 꿈을 지닌 아이들이 모두 과학자가 되는 것은 아니다. 꿈은 있으나 능력이 따라 주지 않는다면 어떻게 하고 싶은 일을 하면서 진정 행복해질 수 있겠는가? 어린이나 청소년이 책을 읽으며 스스로의 능력을 판단하게 도와줄 수 있는 책이 그립다.'

'과학책이라고 모두 딱딱한 이야기들만 쓰여 있고, 간혹 재미있게 썼다는 책은 너무 말장난만 한 것 같아 마음이 개운치 않다. 아무리 첨단 과학이다 뭐다 해도 결국은 사람의 손에 의해 이루어지는 것이 아닌가? 분명 위대한 과학적 업적이 나오기까지 수많은 사람의 이야기가 숨어 있을 텐데, 그런 이야기를 들려주는 책은 매우 드물다. 모름지기 좋은 과학책이 되려면 사람이 사는 이야기가 들어 있는 사람 냄새가 나는 책이라야 한다. 복잡한 전문용어가 나오고 어려운 개념이 무책임하게 쏟아져 나오는 책은 교과서 하나만으로 충분하다.'

수첩에 적혀 있는 내용을 여기까지 쓰고 나니 슬그머니 겁이 나는군요. 과연 이 책이 이런 내 바람을 모두 충족할 수 있는 책일까? 아무래도 과학 글을 쓰고자 덤비는 많은 사람들이 앞서 말한 조건에 맞지 않는 그런 부족한 책들 사이에 내 책을 넣을 것 같다는 생각이 고개를 드네요.

그래서 잠시 생각했어요. 앞에 쓴 글을 모두 지울까, 말까? 하지만 그대로 두기로 했어요. 이 책이 그런 기준에 든 책이든 아니든 오래전에 내가 생각한 것들은 앞으로 다른 책을 만들 때도 명심해야 될 것임이 분명하기 때문이죠.

2. 글을 쓰면서

우주에 대해 깊이 알면 알수록, 우주는 우리가 살아가는 모습과 참 비슷하다는 생각을 하게 됩니다. 사실 우주가 우리와 비슷하다기보다는 우리가 우주와 비슷한 것이겠지요. 우리는 우주의 일부니까요. 우리가 우주를 공부하면서 배워야 할 것은 이런 우주의 질서, 자연의 질서에 관한 것입니다.

어떤 별이 얼마나 멀리 있고 얼마나 무거우며 나이가 얼마나 되었는가를 외우는 것만으로 우주를 모두 알았다고 할 수는 없어요. 우주에 대해 알고 있는 지식을 내가 살고 있는 모습에 비추어 '나는 얼마나 우주와 자연의 일부로 잘 살아가고 있는가'를 가늠할 수 있어야 정말로 우주에 대해 안다고 할 수 있지요.

그래서 나는 지구인들의 생활 속에서 천문학과 관계있는 것들을 찾으려고 노력했어요. 여러분이 읽게 될 글 속에 영화나 책 이야기, 역사 이야기 따위가 많이 나오는 것은 그런 까닭이에요. 하지만 글솜씨가 부족하다 보니 생각은 있으나 제대로 쓰지 못한 부분이 있었음을 솔직히 말해야겠군요.

우주는 우리 모두의 것이기 때문에 우주에 대한 책이 몇몇 사람만 알아들을 수 있는 어려운 말로 쓰여 있으면 곤란하겠지요? 물론 전문가들을 위한 책도 분명히 필요해요. 하지만 여기에서는 우주에 관심 있는 어린이들과 청소년, 일반인 들을 위해 어려운 전문용어는 쓰지 않았습니다. 만약 천문학이 어려운 말로만 설명할 수 있는 학문이라면 우리 생활과는 아무런 상관이 없는 학문이겠지요. 하지만 그렇지 않아요. 우리 생활 곳곳에 우주의 질서는 뿌리를 내리고 있답니다.

우주는 우리와 동떨어진 낭만적이고 아름답기만 한 곳은 아니에요. 그런 우주를 연구하는 천문학자들의 삶 또한 무작정 낭만적인 것은 아니지요. 내 직업은 우주에 관한 글을 쓰는 것이고 내 남편은 천문학자라고 말하면 아주 부러워하는 사람들을 가끔 만나기도 합니다. 하지만 여러분의 생각과는 달리 천문학자는 아주 힘든 직업이에요. 낮과 밤을 바꾸어 살아야 하고 수학자나 물리학자 못지않은 기초과학에 대한 지식도 갖추어야 하죠. 사진 몇 장을 가지고 별들의 일생을 가늠하려면 놀라운 참을성과 끈기가 필요하기도 하답니다. 세상엔 쉬운 일이 없지만 천문학자의 삶도 쉬운 것은 아니지요.

나는 이 책에서 그런 천문학자들의 생활에 관해서도 이야기했어요. 혹시라도 장래에 천문학자가 되려고 하는 청소년이 무작정 낭만만 찾으면 안 되니까요.

아무쪼록 우주에 관심을 둔 어린이와 청소년, 일반인 들이 이 책을 통해 자기가 얻고자 하는 답을 한 가지씩 찾을 수 있기를 바랍니다.

3. 삽화를 그리면서

이 책을 만들면서 가장 즐거웠던 작업은 역시 그림을 그리는 일이었어요. 그림에는 약간의 유머를 넣으려고 노력했지만 이 역시 잘되었는지를 평가하는 것은 독자들의 몫이겠지요.

요즘은 인터넷을 이용하면 허블 우주망원경이 찍은 멋들어진 우주 사진을 얼마든지 구할 수 있어요. 그리고 그런 사진이 실린 잡지도 있고 책도 비교적 쉽게 구할 수 있지요.

처음에는 책에 이런 사진만 넣을 생각이었지만, 그렇게 되면 새로운 그림을 보는 재미는 줄어들 것 같았어요. 결국 편집장과 나는 재미있는 책을 만들기 위해 삽화를 넣기로 했습니다. 그리고 그림을 그려 줄 화가를 찾았지요.

하지만 삽화를 넣는 것이 생각처럼 쉬운 일이 아니었어요. 세련된 그림을 그리는 화가들은 불행하게도 이 분야에 대한 지식이 부족했어요. 몇 달 동안 어찌할 바를 모르던 우리는 이런 결론을 얻게 되었습니다.

'어눌하고 뭔가 부족해 보이는 글쓴이의 그림이 독자에게 더 친근하게 느껴질 수 있다.'

그리고 최소한 내 그림은 틀린 곳이 적었지요. 흠, 이 말에 대해 오해하지 마세요. 지구인들이 우주에 대해 알고 있는 것은 아주 적어요. 우리가 알고 있는 사실이 모두 사실이 아닐 수도 있지요. 지금은 옳았던 사실이 나중에는 뒤집어질 수도 있고요. 그런 뜻에서 틀린 곳이 적다는 것이죠.

아무튼 나는 지금도 우리가 내린 그 결론이 맞아 주길 간절히 바라고 있답니다.

4. 마지막으로

세상이 아무리 빠르게 변하고 발전해도 결국 모든 일은 사람 손에 의해 이루어집니다. 허블 우주망원경이 대기권 밖에 나가 찍어서 보내는 멋진 우주 사진들도 따지고 보면 우주망원경의 업적이 아니라 그것을 만들어 쏘아 올린 사람들의 공이에요. 우리는 종종 업적에 묻혀 그 일을 하기 위해 애쓴 사람들을 잊어버리기도 하고, 뭔가를 이루어 보겠노라고 사람에게 상처를 입히기도 하지요. 하지만 이루어 놓은 업적보다 사람이 먼저예요.

그래서 나는 생각합니다. 아마도 앞머리에 책을 만드는 데 애를 써 준 사람들에게 감사의 말을 잊지 않고 쓰는 것은 단순히 격식을 차리기 위해 그렇게 하는 것이 아니라 이 모든 것이 사람이 한 일임을 잊지 않기 위해서라고요.

이런 까닭으로 나도 감사의 말을 써 보려고 해요. 우선 내 부족한 글이 들어가도록 주마다 자리를 마련해 주는 어린이신문 『굴렁쇠』(2006년 폐간)에 깊은 감사를 드립니다. 그 신문에 글을 싣지 않았더라면 이 책도 나오기 힘들었을 거예요.

또한 내 글과 그림 들을 참을성 있게 기다려 주고 꼼꼼히 살펴 준 이수애 편집장께도 감사드립니다. 이 책이 빛을 보는 데는 편집장의 열린 사고가 분명 큰 역할을 했으니까요.

그리고 제자의 부족한 책을 꼼꼼히 살피시고 추천의 글까지 써 주신 이시우 교수님께 감사드립니다. 교수님, 건강하세요.

무엇보다 가장 믿음직한 동료이며 가장 가까이 있는 독자인 남편과 두 아이들에게 고맙다고 말하고 싶습니다. 이들은 나에게 다양한 이야깃거리를 제공하고 여러 가지 영감을 불러일으키죠. 내가 끊임없이 글과 그림을 들이대며 '이건 어때? 저건 어때?' 하고 물어도 이들은 늘 좋은 친구가 되어 주었어요.

마지막으로 여기에 언급하지 않았더라도 알게 모르게 내가 일을 할 수 있게 도와준 모든 사람들에게 고마움을 전합니다. 그리고 그 사람들이 모두 행복했으면 좋겠어요.

2001년 3월
이지유

찾아보기

ㄱ

가가린, 유리 242
가정에서 하는 외계 지적 생명체 탐사
　　(SETI@home, 세티 앳 홈) 227
갈레, 요한 고트프리트 67
갈릴레이, 갈릴레오 117, 236, 251
개기일식 85~90, 260
거성 161, 171~72
거인족 행성 38, 72, 104
게성운 166, 184, 186, 235
공전 68, 104, 110, 113, 216~17
관상감 95
구상성단 186, 217~18
금성 29~34, 38, 40~41, 46, 60, 72, 80,
　　82, 132, 138, 150

ㄴ

NASA(나사) → 미국항공우주국
나선 성운 240
난쟁이족 행성 38~39, 72

남

남반구 205~208
뉴턴, 아이작 237

ㄷ

다게르, 루이 238
달 48~54, 69~71, 74, 80, 84~87, 89,
　　103, 120~28, 132, 137, 141~142,
　　146, 205, 219, 228~30, 242, 255~56,
　　261
「달로스」 229
『달 사람』 121
데이모스 103
드레이퍼, 헨리 202
「딥 임팩트」 99, 244, 257~58

ㄹ

라일, 마틴 201
러셀, 헨리 노리스 159, 239
뢰머, 올라우스 237

르베리에, 위르뱅 66~67, 238
리겔 159
리비트, 헨리에타 스완 181, 183, 239

ㅁ

마스 옵저버호 130
망원경 17~25, 27, 34, 39, 49~50, 61, 67, 75~77, 96, 98, 107, 114, 150~51, 164, 175, 202, 208, 215, 222, 236~37, 244, 247~48, 251, 254
머리털자리 유성우 113
메시에, 샤를 166, 184~87, 237
메시에 목록 184, 186~87, 237
명왕성 40, 61, 69, 71~74, 80~81, 91~92, 104, 241
목성 34, 36~38, 40~46, 60, 64, 69, 71~72, 79~82, 99, 102~105, 178, 196, 223, 236, 242~44
물병자리 유성우 113
미국항공우주국 129, 139, 142, 247, 253
미르호 142~47
미자르 174~75

ㅂ

바데, 월터 241
바이킹호 57, 59
『백두산 이야기』 176
뱅가드 1호 242
버넬, 조슬린 벨 200~201, 256
베텔게우스 158, 161
변광성 179~83, 239
별자리 18~19, 26~27, 67, 69~70, 174, 176, 205~14, 235, 254
보데, 요한 엘레르트 101~102, 106
보데의 법칙 101~102, 106
보데-티티우스 법칙 106
보이저 1호 243
보이저 2호 242~43
보현산천문대 14~19, 24~26, 40, 77, 105, 108, 246
부분일식 85
북두칠성 174~75, 205, 214
북반구 206~207
분광기 159, 201
분해능 151~52
블랙홀 151, 169~73
비슈니아크, 울프 블라디미르 57~59, 222

ㅅ

사자자리 유성우 107~108, 110, 112~14
산개성단 186, 218~19
상대성이론 88, 239~40, 259
생체 시계 123~25
섀플리, 할로 152, 240
『성변측후단자』 96
성식 69~71, 84
성운 27, 150, 152, 166, 168
세페이드 변광성 181~83, 239
셰퍼드, 앨런 242
소백산천문대 16, 246, 250
소행성 41, 46, 53, 71, 73, 80~81, 98, 100~101, 103~106, 110, 114, 133~34, 234, 238, 244, 253, 257~58
솔로비요프, 블라디미르 142
수성 38, 40~41, 45~48, 60, 72, 80, 82
수소 78~79, 164~65, 167
슈메이커-레비 혜성 43~44, 99, 244
「스타 워즈」 176, 178, 258
스푸트니크호 141, 242
쌍둥이자리 158~59, 176
쌍성 175~78

ㅇ

「아마겟돈」 106, 244, 257~58
아인슈타인 87~88, 239~40, 259
아폴로 소행성 104, 258
안드로메다 은하 172~73, 189~90, 193~94, 197, 240~41
알골 179~81
알골형 변광성 182
알코르 174~75
암스트롱, 닐 242
애덤스, 존 카우치 65~67, 238
에라토스테네스 234
에어리, 조지 비들 66~67
H-R도 → 헤르츠스프룽-러셀도
오르트, 얀 241
오르트 구름 91~92, 241
오리온자리 27, 158~59, 161, 205~206
오메가센타우리 192
외계 지적 생명체 탐사(SETI, 세티) 227
외부은하 150, 152, 183, 186, 192, 197
요성 95
우리 은하 150, 152~53, 171~73, 186, 189~92, 194, 224, 234, 239, 240~41
『우주의 조화』 237
우주정류장 141~43, 146~48, 251

우주 환경 예보 119~20
월식 84, 180, 215, 219
유성 107~11, 113~14, 219
유성우 107~13, 219
은하 151~53, 171, 173, 189~94, 239~41, 251
이중성 174
2001 마스 오디세이 131
이케야-세키 혜성 99
「이티」 220, 255
일식 84~89, 126, 180, 215, 219, 240

ㅈ

자전 34, 63, 81, 126, 217
장센, 피에르 쥘 세자르 86~87
전자기파 116~19
전파망원경 200, 207, 246, 256
「전설의 밤」 176
조석 간만의 차 125
조지 3세 63~64
중성자별 200~201
지구 29~34, 36~38, 40~44, 46~53, 55, 60, 62, 70~72, 77~82, 84, 91, 93, 96, 98, 100~101, 104~106, 110~29, 131~41, 144~46, 149~50, 161, 163~64, 166~67, 170~71, 178, 183, 189, 191, 193, 195, 197~98, 206~208, 210, 216~17, 219~25, 227~31, 234~36, 240, 242, 244, 251~52, 255~58, 260~61
지구 근접 천체 감시 기구 104
진화 163, 167

ㅊ

챌린저호 142, 244
천문학자 14, 16, 18, 21~23, 25, 62, 65~69, 71, 73, 76, 80, 86~87, 95~96, 101~102, 104~106, 109~10, 117, 119, 133, 149~50, 152~53, 157, 159, 166, 175, 181, 183~85, 189, 193, 198, 200~201, 203, 209, 223, 227, 235, 237, 251, 253, 256
「천상열차분야지도」 18~19, 211~12, 214
천왕성 38, 40~41, 60, 63~66, 72, 80~82, 104, 238, 243
『천체의 회전에 관하여』 236
초은하단 191

ㅋ

카론 73~74
카스토르 158~59, 176
캐논, 애니 점프 203~204
커티스, 허버 240
케플러, 요하네스 237
코로나 85~87
코페르니쿠스, 니콜라우스 215, 236, 240
「콘택트」 227, 256
퀘이사 152, 197~98, 253
크리칼레프, 세르게이 144

ㅌ

타이탄 136, 221
태양 29, 40~42, 46~47, 50, 60, 62~63, 72~73, 76~79, 82, 84~89, 91, 93, 97~98, 101, 104~105, 110, 112, 115~20, 122~24, 126, 133, 140, 148, 152~53, 159~62, 164, 166~73, 175, 178, 189, 195~96, 198, 216, 222~24, 230, 234, 236, 240, 245
태양계 37, 40~42, 46, 50, 68, 71~73, 77, 79, 81~82, 91~92, 110, 132, 219, 224~26, 241, 243, 251~52, 254

태양력 122~23
태양망원경 76~77
태양중심설 236, 240
태양풍 115~20
테레시코바, 발렌티나 242
템펠-터틀 혜성 112~13
토성 34~41, 45~46, 52, 60~62, 64, 69~70, 72, 79~82, 94, 136, 150, 236, 243
토성식 70
「토탈 리콜」 139, 255
톰보, 클라이드 241
티티우스, 요한 다니엘 101~102, 106

ㅍ

페르세우스자리 179~80
페르세우스자리 유성우 113
포보스 103
폴룩스 176
폴리야코프, 발레리 142
프로그레스 142
프록시마센타우리 195, 197
『프린키피아』 237
프톨레마이오스 235
플레어 115~17, 119~20

피아치, 주세페 102, 238
피커링, 에드워드 202~203

ㅎ

해왕성 38, 41, 60~61, 65, 67~68, 72, 80~82, 104, 238, 243

핼리, 에드먼드 95~96, 184

핼리 혜성 95~98, 184

행성 30~31, 33~34, 37~42, 46~47, 50, 52, 60~73, 79~82, 91~93, 101~104, 132, 140, 146, 150, 152, 166, 176~78, 220, 222~25, 228, 230, 234, 236~38, 245, 253~54, 256, 258

허블, 에드윈 152~54, 240

허블 우주망원경 149~52, 154, 244, 260~61

허셜, 윌리엄 61~62, 238

허셜, 캐럴라인 61~62, 238

허셜, 존 238

헤르츠스프룽, 에이나르 159, 239

헤르츠스프룽-러셀도 156, 159~60, 239

혜일-밥 혜성 91, 99

헨리 드레이퍼 목록 202

헬륨 78~79, 86

혜성 43~44, 46, 62, 91~100, 110~13, 121, 166, 184~87, 219, 237, 241, 244, 257

화성 34, 38, 40~41, 46~47, 52, 55, 57~60, 69~72, 80~82, 102~105, 120, 129~39, 146, 150, 222, 225, 228, 255~56, 259

화성 극지방 착륙선 129~30, 135

화성 기후 탐사선 129

휴이시, 앤터니 201

흑점 117~19

히파르코스 235